走进广州好教育丛书·好学校系列

ZOUJIN GUANGZHOU HAOJIAOYU CONGSHU
HAOXUEXIAO XILIE

陆 蓓 ◇ 主编

文 润 德 泽

广州文德路小学 的 教育故事

北京师范大学出版集团
BEIJING NORMAL UNIVERSITY PUBLISHING GROUP
北京师范大学出版社

图书在版编目(CIP)数据

文润德泽：广州文德路小学的教育故事/陆蓓主编. —北京：北京师范大学出版社，2017.4

（走进广州好教育丛书.好学校系列）

ISBN 978-7-303-21881-3

Ⅰ.①文… Ⅱ.①陆… Ⅲ.①小学教育—经验—广州 Ⅳ.①G622.0

中国版本图书馆 CIP 数据核字(2017)第 010648 号

营销中心电话　010-58802181　58805532
北师大出版社高等教育分社网　http://gaojiao.bnup.com
电 子 信 箱　gaojiao@bnupg.com

WENRUNDEZEGUANGZHOUWENDELUXIAOXUEDEJIAOYU
GUSHI

出版发行：北京师范大学出版社　www.bnup.com
　　　　　北京市海淀区新街口外大街 19 号
　　　　　邮政编码：100875
印　　刷：北京市中印联印务有限公司
经　　销：全国新华书店
开　　本：787 mm×1092 mm　1/16
印　　张：13.5
字　　数：184 千字
版　　次：2017 年 4 月第 1 版
印　　次：2017 年 4 月第 1 次印刷
定　　价：33.00 元

策划编辑：路　娜　郭　翔　王佳媛　责任编辑：齐　琳　梁宏宇
美术编辑：焦　丽　　　　　　　　　装帧设计：焦　丽
责任校对：陈　民　　　　　　　　　责任印制：陈　涛

　　《国家中长期教育改革和发展规划纲要(2010—2020 年)》提出："办好每一所学校,教好每一个学生。"几年来,各地涌现出了一批好学校、好校长、好教师。总结和推广他们的经验,是推动我国教育改革和发展,提高教育质量,促进教育现代化的强大动力。广州市是我国改革开放的前沿,不仅有着深厚的文化积淀,而且在改革开放中敢为天下先,在教育领域积累了许多新经验。广州市教育局在《广州市教育事业发展第十二个五年规划》文件"办好让人民满意的教育"的要求下,决定组织编写"走进广州好教育丛书",实在是适逢其时。这是对广州市多年来教育改革创新的一次总结,也是对广州市今后教育改革的一次推动。

　　根据编委会的设计方案,丛书拟从广州市 1000 多所中小学校、10 多万名教师中选出 10 所"好学校"、10 名"好校长"、10 名"好教师"列入首批出版计划。他们有的是已有 100 多年建校历史,积淀了深厚文化内涵,至今仍然在不断创新中继续勃发着育人风采的老学校;有的是办学时间不长,但在全校教职工磨砺创业、共同耕耘下办出水平的新学校。他们有的是办学理念先进、充满活力、管理经验丰富的好校长;有的是师德高尚、业务精湛、热爱学生的好教师。总之,他们热爱教育事业、热爱每一个学生,创造了卓越的成绩,是好学校、好校长、好教师队伍中的典范。

当前，我国教育正处在由数量发展转向质量提高的转折点上。到2020年，我国要基本实现教育现代化。教育现代化的实质就是要培养现代化的人。教育要回到原点，立德树人，培养具有为国家、为人民服务的责任心，具有创新精神和实践能力，并且具有国际视野和国际交往能力的人才。教育大计，教师为本。我们的校长和教师要立足中国，放眼世界，转变教育观念，改变人才培养方式，促进教育现代化的进程。

我希望广州市在编写"走进广州好教育丛书"的过程中继续挖掘先进人物和新鲜经验，率先实现教育现代化。

2016 年 7 月

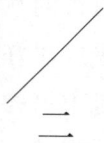

2014 年的教师节前夕，我写了一篇《广州教育赋》，后来这篇文章在《中国教育报》上刊登了。在这篇赋中我有这么几句话："大信不约，好校长何止十百；大爱无疆，好老师何止百千；大成不反，好学生何止千万；大道不违，好学校就在此间。"中心意思是说，广州好教育是由十百千万的好校长、好教师、好学生和好学校共同铸成的。正是有着他们的大信大爱和大成大道，广州作为国家重要中心城市之一，在教育，尤其是基础教育方面，才能卓有建树，我们也才有可能推出一套"走进广州好教育丛书"。

在这篇序言中我想表达三个朴实的想法。

第一个朴实的想法是，一座城市的教育发展单靠一两所名校，几位名师、名校长是支撑不起来的。能够为这座城市源源不绝地提供人才智力资源的应该是有那么一大群校长、一大批教师和一大拨学校。他们形成一个个各具怀抱的优秀群落，为这座城市辈代不绝地做着贡献，那我们就要为这一个个优秀群落树碑立传。对于广州这样有着将近 1500 所中小学的特大型城市而言，我们特别有理由这样做。正是有着他们的大信不约（《礼记·学记》）——真正的信义不需要盟约，他们才会在每一所学校不断坚守；正是有着他们的大爱无疆——博大的仁爱无边无际，他们才会为每一个学生殚精竭虑；正是有着他们的大道不违（原为"大道无违"，《晋书·嵇康传》）——不违背教育的使命与历史发展的规律，他们才会为每一个进步中的时代进行着生动的背书。有了他们，才会有一座城市的教育；有了他们，才会有一座城市的发展。有人要问，这套"走进广州好教育丛书"出齐会有多少册？老实说，我也不能确定。这第一批推出的 30 册只是一个开始，但我相信，只要这座城市在发展，属于这座城市的教育大赋就一定不会有画上句号的时候，它一定会以这样或那样的形式展现出来。

第二个朴实的想法是，对于基层教育工作者来说，我们真正需要掌握的教育规律和教育法宝就那么几条，如果我们钻进教育思潮的各种主义与模式的迷宫中不得而出，那就容易忘记教育最基本的追求。几年前，广州一个区的教育论坛请来了顾明远先生，顾先生在论坛上说："没有爱就没有教育，没有兴趣就没有学习。"我们深以为然。教育理论当然有很多，都值得我们认真学习，其他不讲，仅"因材施教"和"有教无类"两条，在我们的教育实践中是否做到了？我相信，如果我们做到了，那我们就有可能进入好教师、好校长、好学校的序列。所以，在这套丛书中，我们特别看重的是重返教育现场，讲好教育故事，今往兼顾，名特相谐。丛书所列既有杏坛前辈，也有讲台新秀；既有百年老校，也有后起名品；各好其好，好好共生。早在 100 多年前，广州教育就已经在现代化进程中开风气之先。比如说鼎鼎有名的万木草堂，20世纪 20 年代开辟新学堂；再比如说最早在广州推行开来的六三学制。在当下的教育大格局中，广州教育自然也不能落后，要有广州的好教育。

第三个朴实的想法是，好教育需要有一个好的教育生态。习近平总书记说："我们的人民热爱生活，期盼有更好的教育。"我们要努力办好让人民满意的教育，那这个教育上的"好"应该体现在哪些方面？除了上面提到的好学生、好教师、好校长、好学校之外，好的教育生态应该是一个必不可少的要素，这其中的一个重要标志就是能够形成尽可能多的教育共识。我们组织编写这套"走进广州好教育丛书"，一个目的就是通过展示我们的教育实践来推动形成更多的教育共识：原来在我们这座城市，在我们身边，就有这些好的教育，值得我们称赞，值得我们珍惜。我们的教育要全面上水平、走前列，这行进过程中积累起来的好教育基础就是我们不断奋力前行的保证。

最后，作为这套丛书的策划者，我要特别感谢北京师范大学出版社，我仍记得三年前，时任北京师范大学副校长的杨耕同志领着北京师范大学出版社的朋友们和我们讨论这套丛书编写出版规划时的热烈情景；另外，我要特别代表广州市教育局感谢顾明远先生为本套丛书作序；还要感谢总主编吴颖民先生以及华南师范大学、广东第二师范学院、广州大学的分册编委的专家团队，正是有他们的认真组织和每一位分册作者的孜孜以求，这套丛书才得以和各位读者见面。

2016 年 7 月

　　读完《文润德泽：广州文德路小学的教育故事》书稿，掩卷沉思，浮想联翩，脑海里涌现出每一次探访文德路小学的情境，思绪中升腾起每一次与陆蓓校长交流的感慨。有一句话从我心中流淌而出，那就是：遇见最美的你。

　　文德最美，源于师生之美。

　　文德师者，德才双馨；敬业乐业，修身躬行；举止优雅，大爱无垠。当你与学校领导探讨教育发展之道时，当你与学科老师交流教学改革之途时，你会被他们的教育情怀和梦想所感动。在"文德大家庭"的微信群里，一位资深教师发出了这样的心声："选择了当小学老师，要懂得在学生未来对社会的贡献中体现自己的人生价值；在学生今日的爱戴与未来的回忆中度过富有乐趣和成就感的教育人生。"在教师阅读分享会上，一位年轻教师说："一名老师最幸福的，莫过于听到学生告诉老师——'因为你，我最终成为了更优秀的自己！'"教育是一种以人育人的活动。名师成就名校，名校造就名师，谁拥有高质量的师资队伍谁就拥有高质量的教育。这些共识在文德路小学得到了最好的印证。

　　文德学子，阳光自信；德智体美，发展均衡；乐学善思，勇于创新。走进文德路小学，无论是在课堂中还是在操场上，无论是在图书馆中还是在舞台上，你可以看到学生那幸福的笑脸，矫健的身姿和自信的眼神。如果你参加了每年3月举行的"文德新春音乐会"，你会惊讶文德学子是如此才华横溢：全校36个班，举共办36场音乐会、2个专场音乐会。文德路小学合唱队是广州市合唱节的"十三连冠"，曾获世界合唱节金奖和银奖，全国中小学生艺术展演金奖，广东省合唱比赛金奖。如果你观摩了"文德七彩虹论坛"，你会叹服文德学子是如此智慧卓越，他们的论题涵括"网络游戏的利与弊""学生干部的成长与压力""奥数特长生是否应该享有升学特权"等不同热点；层次有大队论坛；年级论坛和中队论坛；方式有辩论式和讨论式……星光熠熠（"五星学生"：阳光之星、学习之星、健康之星、艺术之星和科技之星）的文德少年，是学校最亮丽的风景。

文德最美，源于文化之美。

诗人泰戈尔说：不是锤的打击，而是水的载歌载舞，才使得鹅卵石臻于完美。人是文化的人，文化以"润物细无声"方式影响着人的成长。一个人在一所学校"浸润"若干年后，就会不可避免地被"烙下"深深的"文化印记"。豪华的校舍可以在短期内拔地而起，优秀的师资可以通过高薪聘请来实现，学生考试的成绩也有可能迅速提高，唯有学校的优秀文化必须经过长时间的磨砺才能够形成，就像陈年佳酿，要够年头才能芬芳四溢。

文德路小学办学历史悠久，文化底蕴深厚，社会关注度很高。办学八十载，风雨兼程，英才辈出，蜚声海内外，它所积淀和传承的是什么？

"文德"是文德路小学与生俱来的"基因密码"。"文润德泽"是一代又一代文德人积淀和传承下来的一种教育哲学，是学校文化的内核与灵魂。学校文化对人的影响总是要通过一定途径和载体发生作用的。

何以"文润"？何以"德泽"？文德路小学坚持以"文"润化人的智慧，以"德"泽养人的心灵。

"文润智慧"就是用科学知识和先进文化，滋润与化育学生，培养他们的思考能力、创新能力、实践能力，进而发展他们的智慧。"德泽心灵"就是以高尚道德和多彩活动，泽养与化育学生，促使他们培育美好的德行，形成优良的品格，养成良好的行为，进而美化他们的心灵。

每逢周二下午，如果你到文德路小学去看看，"文润德泽"便可见一斑：一年级的学生到学校隔壁的国立中山图书馆少儿部开展阅读活动；二到六年级的学生自主选择参与兴趣课活动，学校为学生开设了合唱、街舞、无线电测向、戏剧、篮球、烹饪、武术、剪纸、迷你高尔夫等57门校本课程。这些课程都是学校根据育人目标，老师（校内与校外结合、专职与兼职结合）发挥自身所长开设的，以主题引领和实践体验的方式进行，让学生"玩"出名堂，"玩"出兴趣。学生选择自己感兴趣的课程进行学习，既拓宽了学习的途径，尝试进行综合性实践学习活动，又拓展了视野，提升了与人交往的技能。

文德最美，源于环境之美。

走在文德路上，东行有万木草堂、番禺学宫和广州贡院；西行有"大马站""小马站"等清代书院建筑群；南行有南园诗社。沿文德路一带，还有秉政祠、无着庵、城隍庙、南越国宫遗址和番山亭。广州市越秀区既是"千年古城"，也是"南粤文宗"的教育圣域。文德路地处"圣域"中心，显示出文化源远、历史悠久、书香浓郁的特点。昔日广府学宫，成就今日现代名校。

漫步文德校园，古榕树下，那片阳光，洒满了皂荚的枝蕊；升旗台上，那团火红，辉映着童年的梦想。

你看，两棵枝叶繁茂的参天古树散发着芬芳，与中西合璧建筑风格的教学楼遥相呼应，见证了文德人崇教兴学的真情与传文化德的智慧。

你听，典雅的文德广场弥漫着孩子们的欢声笑语，清晨的露珠在草尖上滚动，清甜的书声在校园中琅琅，古朴的艺术长廊记录着孩子们丰富多彩的文德时光。荡漾的童心是一流清澈奔跃的溪水，在菁菁校园里纵情流淌……放眼望去，墙壁说话，花草传情，磐石明志，彰显独特风韵的教泽绵长。

文德最美，人也美境也美。文德最美，文也美德也美。

诗意栖居在文德校园，是多么的幸福和令人向往啊！

文德路小学，我为你祝福，我为你点赞！

是为序。

闫德明①

2016 年 10 月 15 日于广州

---

① 闫德明博士，广东第二师范学院教授，广东教育学会学校特色研究专业委员会理事长。

让师生都能享受人生出彩的快乐

陆　蓓

金秋的文德校园到处洋溢着歌声，班级文化建设之"唱响我们的班歌"活动正如火如荼地进行着。有一个正在演唱的孩子是盲童，也许他不知道自己站在了舞台中间，也许他的歌声和动作跟不上小伙伴的节拍，但当熟悉的音乐响起，他执着地舞动着自己的双手，坚定地唱出自己的声音。教师节夜晚，文德大家庭的微信群里，一位老教师发出了这样的心声：选择了当小学老师，就要懂得在学生未来对社会的贡献中，体现自己的人生价值；在学生今日的爱戴与未来的回忆中，度过富有乐趣和成就的教育人生。

作为校长，我曾经在不同的场合追问过："学校里谁最重要?"这个问题在我们教育人的心中有一个共同的答案："学校里当属孩子最重要!"教育关注人的生长和发展，而"中国梦"的内涵之一就是要让每一个中国人都有人生出彩的机会! 作为校长，我的好学校之梦就是让师生们都能享受人生出彩的快乐。

我心目中的好学校应该能够让师生遇见最美的自己，是师生实现生命意义的地方，是点燃师生梦想、实现希望的地方。教师与学生一起在这里成长，共同享受日常教育生活中的感动与喜悦。

我心目中的好学校应该有"爱"。爱，是教育的前提，这种爱应该是宽容而不纵容、关心而不包办、严格而不强制的爱。因为，如果忽略学生当下的需求，如果只考虑学生未来的发展，就会给学生带来过重负担；如果只考虑学生当下的幸福，就会让学生现在开心而未来痛苦。只有理性的爱，才能使教育焕发出人性的光辉，释放出巨大的能量和持久的效力。

我心目中的好学校应该有"乐"。教育应该是乐有所为、乐学有成的事情。丰富多彩的校园活动镶嵌着师生们的歌声、书声、欢笑声、呐喊声。好学校应该让学生能够体验自主、合作、探究性的学习，带给学生认同感、归属感，使学生在享受中成长。好学校应该让教师认识到，快乐地工作就是在享受生命。

我心目中的好学校还应该有"道"。道者，乃事物内在的本质与规律，即正确的方向和科学的方法。当教育自身的规律与孩子身心发展的规律完美契合、浑然一体时，校园就会绽放出无法估量的精彩。教育之道就是要在遵循孩子天性的基础上，使他们获得可持续的发展。

我在摄影展上看到过一张照片，呈现的是一群充满了稚气与茫然的玩童。我想我们的孩子是不完美的，我们的老师也是不完美的，而教育就是一群不完美的人带着另一群不完美的人追求完美的过程。当我们有了"人的发展"的观念，就会收获教育的乐趣，发现教师职业中弥漫着无处不在的美。

所以，我心目中的好学校也是一个永无止境地追求卓越，勇于实现自我超越的学校。

第一章

"文德" 溯源

岭南英气，钟于会城。
番山云气，万木交荫。
千年古地，汇冶文宗。
古月今尘，毓秀灵通。

第一节　古越今秀的教育圣域

一、府学文化的传唱

广州市越秀区文德路小学创办于 1933 年，在历史上曾多次易名。它曾是广州市第四十六小学、街坊小学；1952 年 2 月和 1952 年 8 月，分别与广州市第十三小学、广州市第七小学合并，改名为永汉区国民第一中心小学；1953 年，与私立崇德小学合并，易名为北区第三中心小学；1961 年，北区第三中心小学划归东山区管辖；1972 年，民办小学改制，珠光民办小学部分师生并入，改称为文德北路第一小学；1990年，更名为文德路小学。2014 年，学校占地面积为 9308 平方米，有 36个教学班、1542 名学生、80 名在编教师。

校门

今天，文德路小学位于广州市越秀区文德北路 77 号，地处文化教育的"圣域"，显示出历史悠久、书香浓郁的特点。

（一）校居圣域教泽长

据史料显示，文德路小学正居于昔日广府学宫一带。这里侧拥番山，一直是文化教育的"圣域"。

广州最早名为"番禺"。《建广府学宫记》记载："一日，诸生百有五十一人以状来请……咸曰城东南隅有驻泊都监官廨，值番禺之前而风水且顺，建学聚徒，此其吉地也。"

番山经过长期营缮，到明代已是万木交荫，因东南两面环水，水气充足，云霞自生，成为城中一大美景，即"番山云气"。所谓云气，可能是水汽、炊烟与祭孔之香烟缭绕于山中而形成的。伦以训说："岭南英气，钟于会城。"他把番山云气比喻为"英气""衣冠之气""文明之气"。清代，番山云气更具别样色彩。有记载，"嘉庆间，番禺刘君需寓于广郡学宫之燕居亭。前有番山甚小，一日晓起，忽出白烟一缕直上。刘君是年遂入泮，后成进士"。学宫里的士子都把番山之云看作科举中第的祥瑞。又有载，"采《爱莲说》，植莲于番山侧之小池，士游泳其间，有浴沂咏归之遗意焉"。小池植莲具教化大义，确实是儒门学校的特色。学宫为文翰荟萃之所，其中一井一池无不披有文苑色彩。广府学宫大成殿后曾有一井，被称为"翰墨泉"。井既为翰墨泉，池则顺理应被称作"翰墨池"。

元世祖曾诏令全国各地修复或新建孔庙，并把孔子的地位抬到了前所未有的高度。元武宗朝，孔子被封为"大成至圣文宣王"。广府学宫的平面布局与现存的番禺学宫（农民运动农讲所所在地）基本相同而规模更大，都是按照我国殿堂庙宇的传统式样建造的，即沿中轴线对称排列，与错落有致的碑、亭、池、树构成一大院落，以广州城的文明门与番山连成一条中线，建筑物均坐北朝南。学宫中心地带建有雄伟的大成殿，殿中供奉着孔子之位。大成殿后不远是崇圣殿（在今文德路小学一带），殿内供奉孔子的祖先。殿后不远是番山，山上有亭。对近代中国产生过重大影响的康有为、梁启超师徒，就曾活动于番山一带。

而广州市的越秀区，既是一座"千年古城"，也是"南粤文宗"的教育圣域。①

在数千年的历史中，广州城的发展变化主要是在越秀区内进行的，广州古代文化教育的起源与发展亦然。传说中周朝时岭南地区的才学之士高固，在清代阮元主持编纂的《广东通志》里被列为列传第一人，与高固有关的五羊传说成为越秀区内最精华的城市精神载体。汉代的杨孚、唐代的张九龄等岭南学人，一个个通过广州的阶梯迈向王朝的权力核心。魏晋南北朝时大批海外高僧来华，多在光孝寺译经传教。唐代开科取士以来，广州成为省内读书人学习进修之地，至今，越秀区内还保留着众多古老的书院、学宫遗址，如广州贡院、广府学宫、南海学宫、番禺学宫、越华书院、应元书院、西湖书院、庐江书院等。它们都是广州文化和教育发展的最好见证。岭南地区众多文化教育名人都在越秀区留下了活动痕迹，如广东历史上第一位探花李昂英与海珠石、宋代大学者崔与之与崔府街、南宋状元张镇孙与状元坊、明代一门四进士的状元伦文叙与福地巷、明代著名思想家陈献章与白沙巷、明代教育家湛若水与湛家大宅、戊戌变法的领军人物康有为与万木草堂、鲁迅与白云楼、许广平与许地……漫步在越秀区的街头巷尾，我们时时能感受到历史上名师名家与学子精英在这里留下的文脉余韵。文德路、文明路、豪贤路、擢甲里、魁星巷、聚仁坊、教育路，这些带有浓厚文化教育色彩的地名，凸显出越秀区教育发展深厚的历史底蕴。

(二)府学文化根脉新

2015 年 7 月 9 日，这一日是文德路小学的又一个"毕业日"。

这一天，自 1933 年建校以来的第 82 批毕业生，将留下他们的毕业记，也将与历届毕业生一起延续"府学文化"的根脉。

"大学之道，在明明德，在亲民，在止于至善。"毕业生们正在诵演《大学之道》。他们真诚的声音，浩然的正气，引发台下阵阵掌声与声声喝彩。

---

① 广州市越秀区政协. 学海千年说越秀——越秀教育史话[M]. 广州：花城出版社，2010：引言.

经典诵读

此刻，舞台幕后，他们的老师文先生正默默注视着这一切，嘴角漾着欣慰的笑。要知道，此刻毕业生们所立之处，正是当年广府学宫大成殿——供奉着孔子及七十二贤人——举行祭祀及重要典礼之处。

舞台上的灯光营造出幽深的意境，一如文先生那幽深的目光。

"其为气也，至大至刚，以直养而无害，则塞于天地之间。其为气也，配义与道，无是，馁矣……"

琅琅书声从舞台上传来。毕业生们正在诵读《孟子·公孙丑章句》。文先生环顾四周，今夕何夕？岁月无声，昔日的广府学宫建筑，早已不复存在。

今日广州市第一工人文化宫的榕泉舞台，已不是昔日广府学宫的大成殿；今日的文德路小学，也不是昔日广府学宫的崇圣殿。然而，琅琅的读书声还在，府学文化的根脉还在，崇教兴学的家园还在。只要这些还在，复兴就有希望。

广府学宫，又称广州府学宫，最初的名字是广州学宫。在古代，州与府作为地方行政建制是有区别的。远古时期的"九州"是指以城市分布为标志的中国的九大区域。宋代的"州"是指"路"与"县"之间的行政机构。元朝时期，地方行政区划改为四级制，即省、道、路、县，广州的行政建制改为广州路，属江西行省广东道管辖，广州是广州路治所。明清时期，元朝的地方行政建制被进一步调整。明朝初年，朱元璋统一全国后，将广州路改为广州府，成为广东省城的治所，是省与县之间的行政机构。这样，广州学宫也随之改称广州府学宫。一直到清末，人们简称其为广府学宫。广府学宫旧址位于今越秀区文德路与文明路交界处，现广州市第一工人文化宫一带。

官府对旧时学宫有一定的规制，任何人置身学宫都要放低身架，以示崇学尊礼。广府学宫是宋、元、明、清四朝广州士子在本地就学的最高学府，许多广府的举人、进士都曾在这里求学，这里也被称为"岭南第一儒林"。这座越秀区内曾经辉煌近千年的广府学宫，虽逝昔日之荣耀，但工人文化宫、文德路小学、中山文献馆、十三中这些在其原址上新兴的文化、教育机构，仍然延续着学宫久远的人文历史。①

二、文德精神的寻觅

钱穆先生在其著作《国史大纲》中开宗明义："一，当信任何一国之国民，尤其是自称知识在水平线以上之国民，对其本国以往历史应该略有所知。二，所谓对本国以往历史略有所知者，尤必附随一种对其本国已往历史之温情与敬意。三，

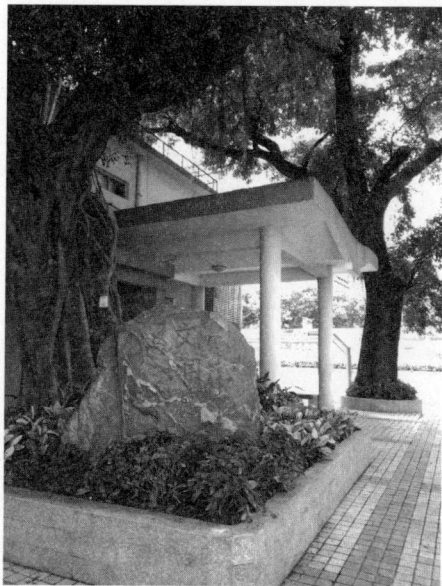

文润德泽石

---

① 广州市越秀区政协. 学海千年说越秀——越秀名校春秋[M]. 广州：花城出版社，2010：3～10.

所谓对本国以往历史有一种温情与敬意者，至少不会对本国已往历史抱一种偏激的虚无主义，亦至少不会感到现在我们是站在已往历史最高之顶点，而将我们当身种种罪恶与弱点，一切委卸于古人。四，当信每一国家必待其国民备具以上列诸条件者比数渐多，其国家乃再有向前发展之希望。"

如钱穆先生所言，饮水当思源。为培养孩子们正确的历史观，使他们对"文德精神"有感性的认识，每一年，文德路小学的教师都会给孩子们布置一个作业：文德路上寻珍宝。学校希望通过寻宝之旅，帮助学生发掘"文德精神"。从学生的实践报告来看，他们的确收获颇丰。在寻宝过程中，他们寻得了"三宝"。

（一）古玩字画是好宝

北宋庆历年间，广府学宫于其侧开路，时称府学东路。府学东路历经宋、元、明、清数代，后随着广州古城墙的拆除、马路的扩建，于1918年更名为"文德路"，沿用至今。

从文德路往东行，有万木草堂、番禺学宫和广州贡院；往西行，有大、小马站的书院群；往南行，则是南园诗社。沿文德路一带，有秉政祠、无着庵。文德路上，还有城隍庙、南越国宫遗址、番山亭。

自古就是文气聚集之地的文德路，是广州城的文脉。这样的宝地，自然会滋养出一批文人墨客、教育名流。史料显示，明清时期，全省文人赴省城会考，都会来到文德路。当时，文德路附近有数十家文化书院。民国时，周恩来和邓颖超夫妇曾租住在文德路上的文德楼。而鲁迅先生在广州居住时，也喜欢和夫人许广平逛文德路。文人的荟萃，促进了广府"雅文化"的诞生和发展，古玩字画的交易在文人们的鉴赏交流中悄然兴起。此外，广州是闻名遐迩的千年商都，也是"海上丝绸之路"的重要通商口岸，自古商贸发达。独特的地理位置和历史作用，造就了文德路上享誉百年的古玩字画一条街。

明末清初，文德路有书店、古玩、文具店40多家。20世纪20年代，文德路有40余处旧书摊和古玩店，文华阁、萃经堂等更是名噪一时。

现今，文德路上的古玩字画装裱店鳞次栉比，从名贵古玩字画到一般行货，这里都有。金德书画商贸城、玉鸣轩、东方文德广场、粤雅堂等，是近年来新兴的古玩字画商贸集散地。其中，粤雅堂是广州文物第一总店，所陈列字画、古玩艺术水平较高，包括郑板桥、张大千的书画作品，以及隋、元时代的陶瓷等。这里还会定期举办各种古玩字画的鉴赏活动。

(二)笔墨纸砚是妙宝

文德路作为千年文脉，不仅是古玩字画一条街，也是文房四宝一条街。

漫步于文德路上，所见除了古玩店，就是文房四宝店。流光淡雅的笔墨纸砚，让整条街都弥漫着翰墨书香。随便走进一家小店，与店员攀谈，你会发现在书香墨香里待久了，店员也变得文气起来，有些店员还练就了一手好书法。在店铺前，也时常有一些鹤发童颜或器宇不凡的老先生泼墨挥毫。

文德路上最有名的文房四宝店，就是老字号"三多轩"了。从清末开始，许多达官显贵、社会名流、书画家都喜欢到"三多轩"购买文房四宝。"三多轩"确实集聚了上等的文房珍宝，如安徽宣纸，浙、川、桂等地的优质画纸，端溪名砚，上海、徽州的胡开文墨条，北京的"一得阁"墨汁，北京李福寿毛笔，上海老周虎臣笔，湖州善琏湖笔和王一品湖笔，苏杭扇签等。

(三)文德精神是至宝

古玩字画，文房四宝，皆因广府学宫而兴。因此，通过文德路寻宝之旅，学生欣喜地发现，文德路是广州的文脉，广府学宫是文德路之根。而广府学宫作为"岭南第一儒林"，是广州文脉的中心。文德路小学位于广府学宫的中心，地位亦举足轻重！由此，学生们的文化认同感与自豪感油然而生。

于是，文德路小学的教师会趁机引导学生从"文德"二字中，搜寻

"文德精神"。从古籍中，文德学子找到了"文德"二字的内涵。

"文"，此字在甲骨文中像纵横交错的纹理，《说文解字》载"文，错画也，象交文"。可见，"文"的本义是花纹、纹理。依儒家而言，纹理即自然之道，即"人之初，性本善"，即"大学之道，在明明德"之"明德"，后引申为知识、文化、礼仪。

"德"，《说文解字》指"升也"。右下之一心，为遵循本性、本心之意。德的意思是，直视"所行之路"的方向，遵循本性、本心，顺乎自然，后引申为道德、品行、修养。

文德学子惊喜地告诉老师，原来在文德路上寻宝，最大的宝就是"文德"二字的内涵，即本善之心。古往今来，"自天子以至于庶人，一是皆以修身为本"，直至"止于至善"。这，就是文德的根本，就是文德精神的根本，就是文德路上最耀眼的宝！

三、办学视野的追求

历经风雨，收获荣耀。如今的文德路小学已经出落为广东省第一批省级学校、国家教育部中小学管理规程联系学校、联合国教科文组

校道："一切为了孩子的未来"

织《21世纪学校优质教育研究》实验学校、教育部重点课题"团体心理辅导"实验基地、中国青少年素质教育研究实验基地、全国教育科学"十五"重点课题"自我发展"教育实验学校、全国教育科学"十五"重点课题"构建体育课程体系研究"实验学校、广东省先进单位、广东省绿色学校、广州市文明示范校园、广州市卫生模范单位……

这样的荣耀，来自文德路小学为学生一生谋幸福的远见，来自文德路小学为学生一入学就开启美好的希望，来自文德路小学"倡百家，融一家，形成自家"所积淀的深厚文化底蕴。

(一)办学宗旨的意义

冠揽教育圣域的盛名，触摸府学文化的根脉，传承文德精神的精髓，文德路小学自创办开始就确定了"一切为了孩子的未来"的办学宗旨，开创出"美好未来起步于文德"的教育新天地。

文德路小学"一切为了孩子的未来"的办学宗旨，与"三个面向""三个一切"的思想是相通相融的。

"一切为了孩子的未来"，在于"面向现代化"。文德路小学确信学校教育既要适应现代化的需要，为现代化建设培养高素质人才，又要让学校自身现代化，从办学的理念、行动到评价等，都与时俱进。

"一切为了孩子的未来"，在于"面向世界"。文德路小学确信学校教育既要以世界眼光办学，向世界开放，融入世界教育的发展潮流，又要致力于培养学生开放的心灵，能够眼瞻世界，拥有国际视野、国际胸怀，形成走向世界的能力。

"一切为了孩子的未来"，在于"面向未来"。文德路小学确信学校教育既要立足当下，着眼未来，让明天的教育要求引领今天的教育作为，又要以未来的需要为出发点，为未来社会培养新人。

"一切为了孩子的未来"，在于"一切为了学生"。文德路小学坚持把学生作为教育的主体，努力使学校所有的工作都以学生的健康成长为出发点，尽一切可能为学生的可持续发展提供优质服务。

"一切为了孩子的未来"，在于"为了一切学生"。文德路小学坚持把学生视为独特的生命个体，努力使学校所有的工作都能为所有的学生提供多样化的成长机会，尽一切可能满足每一个学生的发展需要。

"一切为了孩子的未来"，在于"为了学生的一切"。文德路小学坚持把学生视为"发展中的完整人"，努力使学校所有工作都能涵盖德智体美各方面，尽一切可能使每一个学生在体力、智力、情绪、伦理等方面获得全面发展与提高。

一直以来，文德路小学都坚守着"一切为了孩子的未来"这一办学宗旨，不断改革创新。正如郑伟仪校长所说：

> 学生到学校来念书，家长把孩子送到学校，不仅仅是为了获取点滴知识，为了将来能考入高一级的学校。更重要的是，学校要为学生一生不断学习和不断进步打下坚实的基础，从而使他们形成独立的人格，形成一生持续发展的能力、信心和勇气。

> 从一定意义上说，学校生活是人的一生中最有价值的部分。它不仅体现在帮助学生为今后做准备，也体现在实现学生生命活动的意义和身心健康的发展。文德路小学正是朝着这一境界不懈进发……

(二)入学开笔的希望

开笔礼，是中国传统文化中对少儿识字习礼的启蒙教育。文德路小学把"开笔礼"作为一年级学生入学的第一课，意在培育学生的爱国情怀，同时弘扬优秀传统文化。

2014年8月30日，阳光灿烂，文德路小学在农讲所番禺学宫举行了"开笔礼"。活动以"开笔添智，人生始立"为主题，共有306位新生和306位家长参加。广东省关心下一代工作委员会主任、区委常委宣传部部长、副区长、教育局党委书记等多位领导亲临指导。

在文化底蕴丰厚的番禺学宫，孩子们做了三件事。第一，在老师的带领和家长的见证下，孩子们通过学宫前泮池上的青云桥，在古乐声中步入明伦堂，聆听"开笔"的意义。第二，在教育局关工委老同志的引领下，孩子们"点朱砂""拜孔子""击鼓奋进""敲钟鸣志"。第三，在老师的

开笔礼

引领下，孩子们用稚嫩的童声诵读蒙学经典，诵出"走正道、存善心、知礼节"的人生之理，读出"做善正之人，树报国之志"的人生之韵。

8月31日上午，凤凰花开的文德校园一片欢声笑语。孩子们在老师的带领下，与父母同乐，自信地介绍自己，开心地认识新朋友，熟悉新环境，确立新目标，消除了入学的紧张情绪。

接下来，孩子们有了在"文德"的第二课、第三课、第四课……六年时光，"文润德泽"的孩子们，在家里，乐做一个孝敬父母的好孩子；在学校中，乐做一个勤奋进取的好学生；在社会上，乐做一个文明有礼的小公民。

就这样，孩子们迈出了一生"文润智慧，德泽心灵"的大步。

第二节　传文化德的办学情怀

一、直面疮痍的变革

我离开文德路小学三十年了，还依恋着树木葱郁、鸟语花香的校

15

园，怀念着朝夕相处的同事们和天真烂漫的孩子们。

1972年3月中旬，组织派我到文德北路第一小学任校革委会副主任。因受"文化大革命"飓风横扫，学校组织瘫痪，纪律混乱，急需拨乱反正，整顿治理。

我怀着对祖国的热爱和对教育事业的忠诚，解放思想，丢掉包袱，轻装前进，尽最大的努力把文德北第一小学办成社会主义人民学校，并跨入省内重点学校先进行列。但我心里还是有些顾虑的，不知道以后会怎样。

退休教师照

党支部书记潘幼达同志理解我心中的烦恼，恳切地对我说："组织把你从五七干校调回来，证明组织相信你关系清晰，也相信你的能力。你应该放下顾虑，带领大家把学校办好。"她的话语给予我鼓励、信心、力量和希望。我放下了思想包袱，勇往直前，与师生们奋发向上、团结拼搏，共同建设美好的校园。

这是文德路小学黄柏青校长的肺腑之言。她于1972年3月至1986年6月任文德路小学的革委会副主任、校长。那时，文德路小学名为文德北路第一小学。正如黄柏青校长所言，她接手的是一所组织混乱的学校，但是，组织的信任、同事的支持让她坚定了信心，带领全体师生持续变革，办出了一所声誉蒸蒸日上的名校。

(一)建章立制入正轨

学校变革的第一招，就是建章立制，让学校发展快速步入正轨。

当时，学校初中班 9 个，小学班一至五年级各 3 个。以年级为单位，学校建立级长负责制。级长主持思想品德教育、集体备课，协调级内各方工作，包括教师请假、调课、代课事务，以及少先队、语文教研、卫生、财务工作，还负责向革委会进行工作汇报。

同时，学校建立专科教研组，有数学、体育、音乐、美术等科组，设组长 1 人，研究教学事宜。他们互相合作，积极钻研，最终创造出优异的成绩。

在行政管理方面，主要的制度有：分管各年级工作；执行听课制度，每周 2 至 4 节，听课教师要与任课教师分析教学情况；执行值周制，提前半小时到校负责检查各班情况，处理突发事件；检查教师对家长的工作；审查班主任对学生的评语。

在这些制度的引领下，教师甘挑重担，积极放开手脚，大胆创新。例如，级长陈嘉碧主持初中组，把学生按班级、能力调整，合成一个约 30 人的班，并且由她当班主任，肩负重担，攻坚克难，使其他老师能够更安心地工作。

(二)咬定课堂要质量

学校变革的第二招，就是咬定课堂，让教学质量稳步提高。

变革前，学校的教学情况是：语文学科期末不及格率 35％、数学学科期末不合格率 35％；留级率 13％，单科经补考不及格要留级；行政不听课，只是巡堂；教师只教成绩好的，成绩不好的则不理；有的老师上语文课只带一本《毛主席语录》……

于是，学校由潘幼达书记挂帅，带领全体员工进行政治学习，开展

课堂教学（詹木英老师）

"评功摆好"活动，发扬成绩，表扬好人好事，调动一切积极因素，树立教师的光荣感和责任感。同时提出面向全体，向课堂 40 分钟要质量的要求，制定集体备课制度，举行全校公开课，开展课堂教学改革。

自詹木英老师迈出课改第一步，一个个"向好"的教育情景随后不断涌现。

一年级思想品德教育课，由胡剑敏老师执教《勤洗手》，通过卫生习惯培养，在学校建立晨检制度。每天早会时，由班级卫生委员检查学生的双手、衣服、鞋袜等，进行评比并且公布结果。由此出现了很多卫生积极分子，学校也多年被评为卫生先进单位。

二年级语文教学由陈广明老师执教，她在培养学生的听、说、读、写能力方面，颇有心得。她作为广州市第一批高级教师，引领广大教师掀起了教学改革的新高潮。

五年级思想品德教育课，由郭燕钊老师执教《国旗》。其后，学校抓住时机建立校园升国旗制度。每周一早上 8：00，全校师生列队到操场参加升国旗仪式，自觉接受爱国主义教育。

紧接着是五年级数学，教材是"四则混合运算"，由林国雄老师执教。二年级数学由老教师邱佩琼老师向市、区教师公开关于应用题解答方法，重点培养学生对数量关系的理解能力。梁铨善老师的现场教学是初一级数学，其中代数用一元二次方程解应用题求根的公式在课后获得一致好评。教师们精心钻研教材，选择有独到之处的教学方法，能深入浅出地解题，激发学生的自信心和求知欲，深受赞扬，推动了教研活动的开展。

语文科由五年级苏南屏老师上阅读公开课《真善美》，重点是朗读能力的培养，分角色朗读，使文章听起来有抑扬顿挫、层次分明之感，还带动起教师们改变唱读的陈词滥调，为改革朗读教学创出新起点。

……

(三)活跃课余展才艺

学校变革的第三招，就是活跃课余生活，让学生的精彩才艺不断得到展现。

为了活跃学生课余生活，学校设立20多个兴趣小组，有合唱、舞蹈、体育、美术、刺绣……学校聘请有专长的老师主持兴趣小组，三年级以上学生每人参加一项，时间安排在周二下午第二节课。老师各尽所能，人尽其才，有计划、有步骤地对学生进行培训。兴趣小组深受学生喜爱，帮助学生们发挥了多才多艺的潜能，是他们学习的新天地。

例如，黄锦屏老师主持的合唱组很有抱负，立志培养有名气的优秀团队。黄老师培养学生时重视基础教育，从音阶、唱功、听音、练声为起点，同时注重加强政治思想教育，用歌声赞美祖国的美丽富饶、人们热爱生活的感情，陶冶学生们的情操，激发学生们的毅力。合唱组的学生们不怕难不怕苦，坚持训练，常常18：30后才回家。功夫不负有心人，合唱组在广州市合唱节比赛中获得一等奖的特大荣誉。日后更是连续四届荣获一等奖，奠定了文德路小学合唱团的基础。

在骆仲平老师带领下，体育组努力钻研教学，精益求精，组织学生晨练（6：30）。他们不惧严寒酷暑，每天都以顽强拼搏的姿态，培养学生体能技能，成绩显著。学校荣获广州市传统项目小学生田径比赛团体总分第一名，后又被评为市体育田径传统项目单位；高武洲同学在省、港、澳田径赛 100 米跑和三级跳远比赛中获得冠军，为校争光。

科学技术方面，谢振宇同学在广东省第四届青少年电子计算机编程比赛小学组比赛中荣获一等奖，为他将来继续在信息技术方向发展奠定了基础。现在人们熟悉的"Hello Kugou"，便出自他所创立的酷狗音乐。

学期末，各兴趣组竞相亮相，形势喜人。在美术、书法等比赛中，学生展示的作品令人目不暇接。体育花会是校内首创，学生们踢毽子、跳绳、下棋，在竞技中尽显机智勇敢。晚上的文艺演出，则有朗诵、唱歌、大合唱、舞蹈等节目。学生们歌声优美，舞姿翩翩。还有话剧表演，生动诙谐，令台下观众捧腹大笑。此时，掌声、欢笑声、音乐声响彻学校上空，校园成为欢乐的海洋。

（四）抓准时机育新人

学校变革的第四招，就是抓准时机，让全校师生成为时代新人。

1972 年清明节，少先队组织师生前往银河公墓祭奠革命烈士。礼毕，师生分散活动，有个别学生抢夺摆摊人的钱财。回到学校，老师议论纷纭，表示"惩一儆百，必须开除"。学校要求老师停止评论，因为学生已认识到抢夺他人钱财是违法行为，危害社会治安，接受了公安机关处理。该生所在班的学生表示，犯错同学要向摊主赔礼道歉，赔偿损失，更要保证以后绝不再犯。学校请示了教育科，接受该班学生的意见，为了教育其本人及全校学生，给予其记一次大过处分。同班同学没有嘲笑也没有歧视该学生，而是更多地关心其生活和学习，使他的行为有了很大改善。经过两个月的考查，学校公布撤销对他的处分，大家也由此受到教育，学生遵守纪律的情况大有改观。

一次，五年级老师上数学课，有学生因违反纪律，被老师赶出教室，该生则索性逃出校外。得知此情况后，学校立即组织老师进行寻找，并且耐心与该生谈心，努力让该生与老师消除了彼此间的隔阂，有效地促进了教学。

在"学雷锋，见行动"的活动中，四年级（3）班学生响应号召做好事，每日自发组织接送班上因残疾坐轮椅的同学，家长频频表示感谢。

当广州市教育局举办思想品德教育经验交流会时，学校行政老师前往发言，并印发小册子分发到各校，媒体也对此进行了报道，影响甚广。

1978年，成为区重点小学的文德北路第一小学，接待省、市、区兄弟学校教师来观摩，全面开放，还举办了十多场公开课，涵盖多个学科，受到参加活动来宾的诸多赞扬。他们认为学校校风校容大为改观，教学工作狠抓基础知识和基本训练，重视政治思想教育，音乐课也把政治思想教育融入知识教学之中，是教学范例。这给文德路小学的教师以极大的鼓舞。

又一年，广东省外事处公布，文德北路第一小学成为广州市对外开放接待单位，学校接待任务又迎来新跨越。李韶生老师说："接待外宾，我们的言行举止代表着中国，责任重大。"可见，学校的教师们有勇气，有能力，敢于担当。

于是，学校抓住时机向师生进行系列教育。一是开展礼节教育活动，明确来学校参观访问的外宾是朋友，师生态度要彬彬有礼。二是接待来访国家前，学校先向同学们介绍认识该国的地理位置、风土人情、物产资源，使学生对来访国家有感性认识。三是组织欢迎队伍，仪式隆重，气氛热烈。鼓乐队站立校门口，客人进门吹号奏乐，精神饱满，心情愉悦。接着，在校道的合唱队欢呼"热烈欢迎"，此起彼落，唱着歌迎接外宾进入校园。四是接待室由行政负责，致简单的欢迎词，介绍中国的教育方针、教育制度、课程设置等，然后观看学生作品，游览校园；观看学生上课，重点了解英语教学情况；在操场上观看学生的体育竞技表演和其他文娱活动。加蓬总统在观看四年级（3）班的体育课时，赞赏不已，并要求合照，学生表现得热情有礼、落落大方，促进了中加两国的友谊。

学校还接待了美国、澳大利亚、日本等国外宾，每一次接待都是对外开放、交流学习的好机会。1983年10月7日，来自澳大利亚新南威尔士州朋友们到文德北路第一小学拍摄电影《澳中儿童》，学生邓思广参与摄制；同年4月，广州市市长叶选平与外宾来校参观指导，我们感到很高兴，也很荣幸。日本朋友参观回国后，在报纸上刊载了访问中国的见闻，并把报纸寄回学校留念。

接待外宾的工作使学校师生获益匪浅，拓展了眼界，与世界各国人民增进了友谊。与世界的接轨也让我们更加热爱祖国，热爱祖国的南大门——广州。

退休教师合照

革委会也关心教师的冷暖。林照榕老师小女儿患贫血症，学校予以困难补贴，又腾出一个教室给他们一家居住，保证他们生活的安定。李韶生老师家住白鹤洞，与家公同住，地方狭小，学校也挤出一个小房间给她安家。反过来，他们也爱护学校，帮助做好学校的安全保卫工作。

林国雄老师动情地说："有人要我到别校任职，效益好，工资高。可我在文德北路第一小学，人缘好，干群关系融洽，不愿攀高，想在这里安心做下去。"

就是这样，为了改变学校旧面貌，虽然阻力巨大，但党组织的教育和支持，使大家怀着共同志向，不畏艰难险阻，不怕路途崎岖，改革攻坚，走出了一条成功办学之路。同时，教师得到组织信赖，也主动向党组织靠拢。林照榕老师被中共广州市东山区（今广州市越秀区）教育局委员会批准为光荣的共产党员。后相继又有郭燕钊、黄柏青、陈嘉碧、苏南屏、刘世平、邓惠梅等老师被吸收为共产党员。"红灿灿"的光荣榜照亮了美丽的校园。

二、暖化心灵的艺术

1991年3月至2002年4月，梁妙仪在文德路小学任职校长。她认为，教育就是暖化心灵的艺术。正是在这种教育观的引领下，这一时期，文德路小学开启了"发展健康心理，全面提高学生整体素质"的教育实验，构建出"全员参与，全面关爱，全程辅导"的学校心理健康教育模式，形成了心理健康教育的办学特色。

（一）暖化心灵的艺术：孩子的需要

少年儿童随着年龄的增长，心理世界活跃激荡。他们直率、勇敢、热情，往往由于精力过剩和易于激动而产生缺点，出现错误。一般地说，这些缺点和错误，大都是一些心理障碍或心理不平衡现象，教师如果看得过重，过于粗暴和苛求，就容易扼杀孩子心灵的生机，使他们在责难中生活学习，可能给心灵带来各种压抑和创伤。尤其是处在社会转型期的少年儿童，心理问题日益增多，而且每一个孩子的心理发展都有独特的环境，每一个孩子的心理影响也各有不同。例如，现代家庭独生子女的自我中心，富裕家庭子女的高消费，破碎家庭子女的孤独感等，给孩子们造成种种心理困扰。

在当时的"全国十佳少年"精神感召下，文德路小学学生在思想、学

"暖化心灵的艺术"的教育成果

习和生活上追求进步，出现了"好好学习，天天向上"的局面。例如，被同学、家长、教师公认的全面发展的榜样张睿同学，连续六年保持"三好学生"称号，被评为广州市小学生"学习标兵"。但是，文德路小学每个班上，总有几个纪律松懈、损坏公物、欺负同学、扰乱课堂的"后进生"。当他们受到劝告、批评时，有的自我调节，平衡心理；有的背道而驰，逆反更甚。

基础教育是提高民族素质的奠基工程。在人的素质结构中，心理素质是提高思想品德素质、科学文化素质、劳动技术素质、身体素质等的中介和核心，为素质的全面发展奠定坚实的基础。新时期的教育改革，已经由应试教育向素质教育转轨，由局部的、学科的改革，转为整体的、综合的改革，着重把握人的全面发展教育的内在联系和相互关系。从幼儿园开始，到小学、中学、大学，都要围绕心理素质教育，促进学生在德、智、体、美诸方面的发展。于是，文德路小学以心理健康教育为切入点，开启了"暖化心灵的艺术"的实践探索。

(二)暖化心灵的艺术：学校的作为

文德路小学演绎"暖化心灵的艺术"，以提高教师素质为基础。

欲予学生健康的心理，为师者必先心理健康。教师在教育教学中的各种表现，都为学生所观察、所注意、所效仿。心理不健康的教师，在教育学生的方式方法上容易暴躁、焦急，缺乏爱心和责任感，造成紧张压抑的气氛，导致学生情绪不稳定、学习缺乏自信心。为此，我们要求各科教师都应当着眼于学生的全面发展，渗透思想教育。例如，音乐教师黄锦屏通过音乐教育的特殊功能颂扬真、善、美，在孩子的心中建立起崇高的审美理想，使每一首好歌都能够对孩子养成良好的心理品质起到潜移默化的作用，促进学生健全人格的形成。

文德路小学演绎"暖化心灵的艺术"，以课程融合心育为抓手。

从 1991 年开始，学校进行了三类课程的改革，调整学科课程，发展活动课程，开展潜在课程，发挥显性课程与隐性课程的综合效应，打破单一的课程结构，把心理教育渗透到各个学科领域中，加强全面的素质教育。同时，学校提出课堂教学"十要"和"十不要"，要求教师教态和蔼可亲，语言精练明白，教法生动活泼，课堂活跃欢乐等，并作为评估教师的重要指标；积极倡导情境教学、愉快教学，要求教师寓教于乐，在发展中求愉快，在愉快中求发展。除运用实物演示情境、图画再现情境、音乐渲染情境、表演体会情境、语言描述情境等教学手段外，还充分利用多媒体创设课堂教学的优良环境和气氛，增添教学内容的源头活水，扩大教学信息量，使学生学习从"知之"到"好之"，由"好之"到"乐之"，获得学习的快乐、成功和满足。

文德路小学演绎"暖化心灵的艺术"，以优化心理辅导为关键。

学校通过加强自我教育，来优化心理辅导。例如，针对富裕家庭子女出现的不正确消费现象，学生模拟开展了"购物小天地"活动。活动中，一些学生充当商场经理、收款员和顾客，让其他小顾客自述购物理由、用途，分析哪些该买，哪些不该买，从而实现自我教育，树立正确的消费观念，养成节俭的习惯。

学校通过加强分类指导，来优化心理辅导。对刚入学的一年级学生，注意指导他们从幼儿园的小朋友向小学生的角色转换，唤起他们"小小读书郎，背起书包上学堂"的求知欲，培养"不怕太阳晒，也不怕风雨吹，只怕没学问，无颜见爹娘"的自我意识；对高年级学生开展"如果上不了省一级中学怎么办"的升学教育，请专家提供心理咨询和辅导，增强学生承受挫折的能力，正确认识和处理分数、考试、升学的竞争等现实问题。

学校通过思想教育与心理指导结合法，来优化心理辅导。例如，有学生仅因老师的一句批评而赌气把刚刷白的墙壁，印上特大号的鞋印，还自鸣得意，大声炫耀是自己干的。碰到这种情况，如果采用训斥或惩罚的方法，效果往往适得其反。有经验的班主任此时反而称赞他坦率，敢于承认，说完就提着水桶准备洗刷墙壁。这时，那名学生连忙夺过水桶，亲自把鞋印洗刷干净，还主动向老师检讨错误。在互相尊重、互相信任的氛围中，让学生敞开心扉，师生坦诚沟通，往往就能获得良好的情感效应。

学校还通过挫折教育的实施，来优化心理辅导。挫折教育的任务就在于发挥一种心理上的"补偿功能"，通过锻炼耐挫折的承受力，弥补心理缺陷，不断提高学生的心理成熟程度。例如，有位一年级学生想参加少先队，自认为条件合格，同学们一定会选他参加。结果事与愿违，落选的他于是大哭一场。班主任抓住这位学生的心理特征，正面引导他既要看到自己的优点，也要看到自己的缺点，鼓励他继续努力，再接再厉。最终，经受住挫败的他顺利加入了少先队。

三、大爱有成的人生

2002年2月至2012年7月，郑伟仪在文德路小学任职校长。她是德育小学高级教师，广州市评估专家，2007年中国教育学会整体改革委员会常务理事，第二届广东省中小学地方教材审查委员会审定专家，中国共产党广州市越秀区第九、第十届代表大会代表，广州市优秀教师，广东省南粤教书育人优秀教师，广东省教育管理科学吴汉良奖三等奖，教育部-IBM"基础教育创新教学"项目优秀教师，全国教育科学"十五"规划课题研究先进个人。

郑伟仪老师和学生们

在师生们的眼中，郑伟仪老师是一位亦师亦友的长辈。她的笑容是一面旗帜，和蔼可亲的她总是带着阳光般的笑容，去温暖老师，激励学生。她"容"老师，每个老师都能从她的眼中读出"鼓励"和"期待"！她"容"学生，总能轻易地发现每一个学生的优点！她的"笑"和"容"，成为她洒向所有师生、洒向整个文德校园的暖暖阳光！

在文德路小学任职校长期间，郑伟仪带领全体教师秉持"一切为了孩子的未来"的办学宗旨，确立了"文润德泽"的教育信奉，致力于让每个学生在"文润"与"德泽"中奠定一生大爱有成的根基。

（一）在管理优化中洋溢大爱有成

"阳春布德泽，万物生光辉。"文德路小学虽然占地面积不大，但学校争取把有限的面积运用到极致，关注学生成长的每一处空间、每一个细节。校园里的每一寸土地，都是学生成长的芬芳沃土；每一堵墙，都被精心开发成德育的广阔空间。走廊、厅柱、窗户、门等校园的每一个角落，都可以看到德育的春风滋润着学生的心田："慢步轻声，礼让右行。""我是好孩子，不在墙上乱涂乱画。"一行行小标语，没有刻意的要求，没有严肃的训诫，一切都来得那么亲切、温馨和自然，点滴之中透露出学校对学生心灵的细腻关爱。这也正是文德路小学"教育要从心出发，到达心里去"的"以心育心"教育原则的体现。

"学高为师，身正为范。"为了激励教师成长，使他们享受工作的成就和幸福，让学生受到更高质量的教育，文德路小学构建了"自主发展"校本培训模式，实施"专家导向、专业引领、任务驱动、实践体验、切磋分享"的二十字策略，用工作坊、教师讲坛、教育叙事的方式努力反思教师教学，提高业务，站稳教坛。2008年，在"以任务驱动学习"方法的带领下，学校全体教师通过心理辅导教师培训，成为广州市唯一一所全员考获B证的学校。七年间，文德路小学的教师获国家级、省级、市区级奖项共109项，学校也成为广州市校本培训示范学校。

显著的办学效能与郑伟仪校长对教育的理解有关。她这样道出自己对工作的体验和感悟："教育是生命与生命沟通的过程，是校长、教师与学生共同度过的，丰富的、涌动着的、特殊的生命历程。校长只有以一个完整的生命体的方式参与和投入，才有可能与另外一个完整的生命体进行交往和沟通，才有可能实现自身的价值。"

(二)在课程建设中洋溢大爱有成

从诞生的那一天起，前身为孔子庙的文德路小学便承载着浓厚的历史文化底蕴。为传承中华传统文化，学生从开学的第一天起，便在番禺学宫和万木草堂拜孔子、宣誓词、点朱砂、开笔描红、敲启智钟、在金桂树下许愿。学生一边背诵着《弟子规》，一边跨过青云桥，进行"开笔礼"。这些准新生们背诵的《弟子规》，是他们从一年级开始就要学习的国学课程。学校在开学之前就发给新生们上一级学生传下来的旧书，取的就是文化的"传承"之意。"首孝悌，次谨信，泛爱众，而亲仁，有余力，则学文。"弟子规的总序时时刻刻提醒着孩子们做人的原则。到了二年级，他们又开始诵读"人之初，性本善"。学校每学年都开设国学课程，激起学生对中华民族传统道德和文化的探究热潮，一种浓厚的人文情怀在校园里流动。

在"一切为了孩子的未来"的办学宗旨引领下，学校全面贯彻落实《中共中央国务院关于加强青少年体育增强青少年体质的意见》的精神，以"学生健康第一"为指导思想，把体育工作作为全面提高学生综合素质的重要一环，强势推进。通过努力，学校全体学生的体质健康合格率达到98％。在场地不足的情况下，学校积极探索适应小学生特点的体育活动形式，创造性地开设特色体育项目"无线电测向"和大课间体育活动，推动阳光快乐体育的开展。学校测向队曾获得无线电测向锦标赛全国分区赛团体第二名、广东省无线电测向锦标赛团体第三名，多次获得广州市比赛的第一名。

同时，大课间体育活动也让体操"大变脸"。每个年级设计一套年级的自编特色操作为大课间的热身运动，而且每学年创建一套，再加上校园集体舞、武术、棋类项目等丰富多彩的体育活动，体育大课间活动成为学校的特色，连续三年获广州市大课间评比的特等奖。2007年，广州市首届"活力青少年"流行健康舞大赛的启动仪式在文德路小学举行，学校一举夺得比赛的一等奖。

学校的竞技体育也是"阳光体育"的一大亮点。五位体育教师分别负责各运动队的训练工作，做到选好苗子，着眼未来。学校田径队、游泳队多次获市、区田径比赛团体前三名，并向市、区体校和重点中学输送多名体育尖子。仅三年的时间，学校就先后培养和向市、区体校输送田径、游泳、武术后备人才35人。

为了促进学生心理的健康发展，学校大胆引进国际先进教育理念，将绘画心理辅导、心理剧、沙盘游戏、感统训练和家庭辅导引入校园。在考评中，专家们认为，文德路小学的心理教育已处于全国领先地位。学校也成为教育部团体心理辅导实验学校、广东省心理健康教育示范学校、广东省心理健康教育先进单位。

学校创造性地把团体心理辅导与少先队争章活动进行有机结合，建立雏鹰争章考评制度。从 2006 年开始，学校推行"阳光之星、学习之星、健康之星、艺术之星、科技之星"五星争章，并特意将标准定得让学生"跳一跳就能摘到"。队员们将通过自己的努力得到的奖章亲自钉在荣誉带上，一到开学典礼和散学典礼，每个人都佩戴上自己的"荣誉绶带"，挂上一颗颗闪亮的星星，展示他们的累累硕果，也激励着他们继续进步。《人民日报》《中国教育报》《南方日报》《广州日报》《羊城晚报》和中央电视台及省市电视台等各主流媒体，多次报道精彩的文德少先队活动。文德路小学也被评为广东省文明示范校园、广东省首批红领巾示范校、广州市首批红领巾示范校、广州市文明单位、越秀区德育示范单位。

学校以春风化雨润心田的爱的教育，辅幼扶青，将对生命的关怀融入校园的建设之中，践行着教育工作者的"大爱无疆"。如此，文德路小学的学子，在"文润"与"德泽"中，奠定了一生能够大爱有成的根基。

四、和谐快乐的生活

2012 年 11 月，文德路小学的危淑玲校长，走向越秀区教育局副局长的新岗位。虽然在文德路小学的时间不长，但她不仅带领全体教师传承并创新了心理健康教育，主持了国家级课题"小学生学业情绪及其干预策略的研究"，取得了丰硕的成果，出版了相关的著作，还带领全体教师秉承"一切为了孩子的未来"的办学宗旨，以"文润智慧，德泽心灵"的办学理念为引领，坚持"依法治校、规范办学"的治校方针，坚持"科研兴校、人本立校、品牌强校"的办学方略，全力建设"文润德泽，和谐发展"的学校文化，不断推进素质教育，促使文德路小学迈上了新的台阶。

危校长和学生们

（一）文化引领后……

文德路小学着力营造一种和谐快乐的阳光家园文化，努力确立教师在学校中的主体地位，给予教师在学校管理中的参与权和决策权，强化教师的家园意识。同时，学校给予教师心灵的关怀，引领教师怀着乐观积极的心态面对工作，面对生活，并用这种积极的人生态度辐射他人，温暖他人，激励他人，共享家园的温暖和教书育人的幸福。

为打造智慧的教师团队，学校积极为教师搭建专业成长的平台，"文德教坛新秀"的评选、"文德教师基本功大赛"、连续六年的"文德阳光教师团体训练营"、"抗逆力教师工作坊"、出国培训等活动，尽可能多地为教师提供学习、培训的机会。学校构建了"自主发展"校本培训模式，开展形式多样的校本培训和专家论坛、课例研讨、课题研究、案例剖析、叙事分享等互动参与式的校本教研活动，通过教师与专家、教师和管理者、教师与教师之间的对话与交流、沟通与合作，重点解决教育教学实践中遇到的问题，使教师在不断提出问题、解决问题的过程中实现专业发展，在与他人的互动中创生经验和智慧，在已有的经验背景下主动建构起新的教育观念和知识体系。"专家引领、同伴互助、自我反思"的培训模式促进了学校管理过程优化、教育过程优化、教学过程优化，加快了教师队伍的自主发展，取得了教学效绩和科研成果的双丰收。

一支敬业、乐学、善教、勤思的智慧教师队伍就此茁壮成长起来，不少教师被评为"全国模范教师""南粤优秀教师""名教师""学科带头人"和"教坛新秀"。

(二)心灵德泽后……

"德"是文德路小学教育的核心，更是每个人的立身之本，它强调的是孩子德行的培养、品德的熏陶、行为的养成。"德泽心灵"就是要以教师之德，培育孩子善爱、宽容、感恩之德；以教师之爱，春风化雨般润泽孩子的心田。

在"德泽心灵"的德育文化滋润下，学校确立了体现素质教育要求的培养目标，丰富了"三好学生"的内涵，即阳光的、有特长的、多元发展的"五星级"学生。"五星"分别是阳光之星、学习之星、艺术之星、科技之星和健康之星，从而把"道德、学识、运动、审美、合作"这些具体的培养目标包含其中。学校根据学生平时在各方面的表现，分别给予不同的奖励，评定为不同类型的"星"。孩子们只要把"五星"集齐，就能成为"三好学生"。

每学期精彩纷呈的开学典礼，深受文德师生的欢迎。舞龙舞狮拜新春、师生齐走红地毯、妙手生辉写童年、奥运健儿中队命名等活动，既极富中国传统特色，又充满人文关怀；既让孩子感受到多元的文化，又让孩子深受教育和启迪。社会对文德路小学的开学典礼给予了高度的关注，省市各大媒体连续五年播出学校开学典礼的盛况。

一年一度扎实开展的少代会，通过"提案""竞选""体验""展示"等环节，使孩子们在实践中体验，在体验中成长。活动不仅培养了学生的小主人精神，更让他们学会关注团队，关爱别人，逐步形成自主、自立、自强、合作等品质。

以年级为单位组织的"七彩虹论坛",及时捕捉社会关注的热点问题,引导孩子深入思考、展开讨论,让孩子在互动中擦出思维的火花,领悟人生的真谛,从而增强了孩子的社会责任感,也培养了孩子善于思辨、勇于表达的能力。

每周一次的十分钟队会,由于短小灵活,已成为一个非常好的培训平台。学校采取中队干部主办、小队承办相结合的形式,让每一个队员都有机会参与活动的组织和策划,表达自我的意愿,展现自我的才华。在这个过程中,我们欣喜地看到了一批批学生"小领袖"成长起来,他们正一步一个脚印地走上自主管理的道路,并且走得踏实,走得精彩。

抓住三八妇女节、母亲节、感恩节等契机,学校积极开展"每天一拥抱,感恩我知道""我当一天妈妈""感受妈妈的爱""月亮代表我的心""给母亲的一封信"等活动,让孩子感受爱,理解爱,回馈爱。

由于活动有亮点,显特色,富实效,成绩突出,文德路小学先后被评定为首批省、市红领巾示范学校和省、市红旗大队,各级主流媒体也多次报道了学校精彩的少先队活动。

(三)情绪干预后……

为了促使课堂教学研究向纵深发展,在情绪心理学的启发诱导下,文德路小学不仅仅关注孩子认知领域的问题,更关注影响孩子学习的情感因素——学业情绪。于是,学校进行了国家级课题"小学生学业情绪干预策略研究"的实验。该课题通过了解孩子学业情绪的现状、发展特点及影响因素,掌握不同情绪类型的行为表现,从而探索培养孩子积极学业情绪的有效途径及策略,以及不良学业情绪学生的辅导策略;通过实施对学业情绪的调节和干预,帮助更多孩子形成积极的学业情绪,使孩子变得更自信、更自主,获取更大的成功。同时,学校把心理健康教育、心理咨询、家庭辅导、团体辅导、沙盘游戏、心理剧场、感统训练、学习困难训练融入常规教育教学之中,效果明显。这种坚持常态化引进专业机构和心理专家在校驻点,为孩子、家长提供咨询,辅导服务的做法,开创了全市中小学校心理健康教育和辅导的先河,得到了专家的认可，引起了同行的高度关注，前来观摩的学校络绎不绝。

在追求课堂轻负高质的基础上，学校积极为孩子营造自主、宽松、愉悦的学习氛围。各年级每周一天的自主作业日，让孩子根据自己的学习状况自主制订学习计划，变被动为主动，真正成为学习的主人。每学期，学校定期开展深受孩子们欢迎的学科活动周，主题鲜明，形式新颖，精彩纷呈。孩子们在学中玩，在玩中学，在学中乐，充分享受学习生活带来的无限乐趣，感受知识所蕴含的无穷魅力。

（四）课程创生后……

开发有特色的校本课程，是发展和完善学校课程体系的一个重要方面。学校课程结构和设置上以新课程框架为基础，孜孜不倦地追求自己的课程特色，锲而不舍地铸造自己的品牌课程。

文德路小学原址是孔子庙，临近万木草堂和原番禺学宫，周边历史资源丰富，文化积淀深厚。基于这一地缘文化优势，学校开设了"文德第一礼""文德第一课"等孝道、感恩、礼仪类传统美德课程，每个年级均开设了每周一节的"经典国学课"，让孩子从小接受传统文化的润泽和熏陶，汲取经典文化的精髓，立德树人，善正修礼。

为了促进孩子的多元全面发展，我们遵循"课内与课外相结合""普及与提高相结合""培养兴趣与提升素养相结合"的思路，根据时代性和实用性，结合学校师资的优势，开发了各种各样符合孩子年龄特点的体育、艺术、科技课程。

以阳光运动课为例：体育舞蹈——新疆舞、蒙古舞、秧歌舞、斗牛舞、踢踏舞等；棋类项目——围棋、象棋、军棋；传统项目——武术、跆拳道、柔力球、拳击、游泳；特色活动——感统训练、特色自编操。阳光体育大课间活动已成为学校一大特色，孩子们在这些体育与艺术有机结合、阳刚与柔美完美体现的运动项目中享受着运动的乐趣，体验着成功的喜悦，激发着生命的灵动。

学校组建了多个专业团队，有蜚声国际，多次登上奥地利金色大厅并摘取桂冠的合唱队；有凭着自己的实力扬威全国赛场的无线电测向队；有承载着"广州市示范团艺术团"称号的文德艺术团；还有屡获殊荣的田径队、游泳队、舞蹈队、管乐队、机器人队和电脑绘画组等，努力构建使孩子潜能得到开发、个性得到张扬的活动课程。

每学期，学校还定期举行体育节、艺术节、科技节、读书节等大型活动，为孩子搭建锻炼和展示的舞台。例如，一年一度的"小荷才露尖尖角"艺术节，以年级为单位先进行预赛，然后推选出优秀的节目在全校做展示，让每一位学生都拥有登台亮相、展示自我的机会。又如，在每学期举行的体育节中，务求做到人人有体育项目、班班有特色汇报，注重发展学生的体育运动兴趣和特长，使每个学生都能掌握两项以上体育运动技能，培养学生良好的锻炼习惯和坚定的意志品质。

文德路小学就是这样，勇立基础教育改革的前沿，以东方悠久历史的灿烂文明为依据，广泛吸纳来自世界各地四面八方的优秀文化、教育成果，为己所用，融会贯通，积淀"文德文化"，绽放着"文润德泽"的教育魅力。

第二章

"文德"立本

文润智慧，德泽心灵。
理念立本，哲思睿行。
尊师重教，大爱先导。
与时俱进，气正风清。①

---

① 作者宋丽峰，文德路小学。

第一节 文润德泽的教育追求

一、校本哲学的凝练

2012年11月至今,陆蓓在文德路小学任职校长。此时的文德路小学,已是一所声名远播的优质学校。如何在传承与创新中,让这所名校发挥更大的价值,洋溢更大的教育品牌效应?这既需要校长拥有宏阔的教育视野,也需要师生付出更有力的教育作为。

2013年7月18日,广州市教育局印发了《广州市教育局关于以学校特色发展促进义务教育均衡发展的指导意见(试行)》。这为广州市各基础教育学校总结推广特色学校办学经验带来了机遇。

抓住这一契机,陆蓓校长带领全校师生审视文德路小学特色化办学的历程,进行全面的梳理,总结特色学校办学经验,并系统建构了"文润德泽"的学校教育哲学,整体铺排了"在文润德泽中积极发展"的办学路向。

(一)"文润德泽"有来由

地处"广府文化"的中心,文德路小学与"文"与"德"耦合的,不仅仅是因地名"文德路"而来的校名,更是传唱着"广府文化"的精髓。而其传唱的旗帜,就是"文润德泽"的学校教育哲学。在文德路小学的校园里,有一棵大榕树,下面立着一块大石,上面刻着的就是"文润德泽"。它是文德路小学信奉的教育理念。

这一学校教育哲学有着怎样的来由?文德路小学在申报广州市义务教育阶段特色学校的自评报告中,讲述其来由有三:在地文化、本校历史和时代发展。

第一,从在地文化中寻找办学的能量。

文德路小学位于越秀区文德北路77号。文德路地处"千年商都、广府文化"的中心,是广州历史悠久的文化街,沿路及周边历来有古玩文物、字画装裱等商店,也有秉政祠、无着庵、番山亭、城隍庙、南越国宫遗址等名胜古迹，更有万木草堂、番禺学宫、广州贡院、凤和书院旧址等教育圣地。

这一社区所积淀的在地文化，有着其独特的"文德"特色。这是一个传承与创新文化的圣地，也是一个化育德行的圣地，还是一个崇尚教育的圣地，更是一个兴盛学业的圣地。文德路小学浸润于其中，也必应传递其"传文化德，崇教兴学"的正能量。

第二，从本校历史中寻找办学的根基。

自 1933 年创办以来，文德路小学秉承"一切为了孩子的未来"的办学宗旨，坚持走科研兴校之路，近年来更是全力推进素质教育。在实践探索中，文德路小学注重在日常的教育教学中开展多样化的心理健康教育，注重开展多姿多彩的体育艺术科技等活动，引领学生健康快乐地成长，在创新德育工作的同时，也拥有了心理健康教育的品牌项目。

学校操场

这一品牌项目的特色在于，以"德"泽养心灵，进而促使每一个学子都能因心灵阳光而步向幸福的未来。也就是说，这一品牌项目所蕴含的"德泽心灵，晴向未来"的品质，为文德路小学奠定了传承与创新的办学根基。

第三，从时代发展中寻找办学的价值。

随着社会的进步，时代发展的瞬变和各种挑战纷至沓来，人的发展更应远离消极而趋向积极。积极心理学的研究已经证实，和一般人相比，那些具有积极观念和积极品质的人具有更良好的社会道德和更佳的社会适应能力，他们能更轻松地面对压力、逆境和损失；即使处在最不利的社会环境中，他们也能应付自如。

由此，从心理健康教育的办学传统出发，以积极心理学为指导，致力于以"文"润化人的成长和以"德"泽养人的发展，引领学生在"文润"与"德泽"中学会"积极应对，健康成长"，是创建品牌学校的文德路小学对时代价值的呼应。

(二)"文润德泽"有其义

文德路小学的教育信奉"文润德泽"，既明合校名，又源自学校所在地的文化，更契合教育以文化人、以德养心的价值。它的核心理念是文润智慧，德泽心灵。

"文"：知识、文化、礼仪等。"文润智慧"就是用科学的知识和先进的文化，滋润与化育学生，培养他们的思考能力、创新能力、实践能力，进而发展他们的智慧。

"德"：道德、品行、修养等。"德泽心灵"就是以高尚的道德和多彩的活动，泽养与化育学生，促使他们培育美好的德行，形成优良的品格，养成良好的行为习惯，进而美化他们的心灵。

这一学校教育哲学的意蕴，可以从三方面来理解：人格理想、文化追求、办学特色。

其一，"文润德泽"蕴含着"文德人"的人格理想。在文德路小学，每一个人都坚守与认同"文润德泽"的办学愿景，并倾心于以"文润智慧，德泽心灵"的教育作为，培养具有积极人格的文德少年。其中，积极人格的特征，主要包括智慧、卓越、自律、勇气、爱心、正义。在培养这样的文德少年的过程中，教师也在潜能开发、学识见长、心灵敞亮中不断地提升专业水平，享受着"文润德泽"的教育生活。

其二，"文润德泽"蕴含着"文德人"的文化追求。文德路小学坚持以"文"润化人的智慧，以"德"泽养人的心灵，促使全体师生在"文润智慧"与"德泽心灵"中积极发展，拥有健康快乐的积极品质。于是，文德路小学全体师生的教育教学生活，持续洋溢着"文润德泽，和谐快乐"的文化样态。

其三，"文润德泽"蕴含着"文德人"的办学特色。文德路小学以"文润智慧，德泽心灵"的办学理念为引领，并将其演绎于学校管理、课程教学、德育工作、教师发展等各方面的实践探索中，学校一系列的做法，都聚焦于形成以"文润德泽"为旗帜的独特、优质、稳定的办学业绩和文化品质。

二、教育蓝图的描绘

当进一步凝练学校教育哲学，我们发现，文德路小学一路走来，演绎的就是"文润德泽"的办学品牌，描绘的就是"文润智慧，德泽心灵"的教育蓝图。

(一)描绘于办学品牌的勾勒

人是学校的主体，包括学生、教师和家长，学生则是学校的核心主体。一所学校塑造其办学品牌，为的就是通过优质而可持续的教育培育健康和快乐成长的人才。为此，学校对其办学品牌的勾勒显示如下：

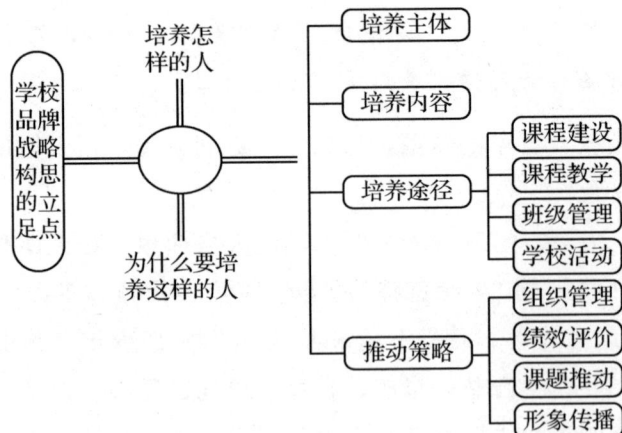

这一路线图的思考点在于：学校里，谁最重要？换句话说，即学校发展的立足点应该在哪里？

对此，陆蓓校长的回答是：人，大写的人，完整的人。学校是以培养人为目的的社会组织。学校的一切工作都是围绕着"培养人"而展开的，离开了"人"和"人的培养"，这些工作就会毫无意义。

回归教育的本质来看，教育是再生产新的社会关系，即根据一定社会需要进行的培养人的活动过程。教育根本任务是实现自然人和社会人的适应与协调。这样的人是得到全面发展的人，是具有个性特长的人，是对社会有用的人，是能够参与竞争的人。

文德路小学在其办学历程中所做的两件大事，都是聚焦于教育本质的回归：第一件事是基于学校社区文化的特点，从府学文化到中华传统文化到世界经典文化，用文化来培育人；第二件事是在进行"发展健康心理，提升学生整体素质"的整体改革实验后，进而实施心理团体辅导，之后于近年开展学生学业情绪干预策略研究，为的是让孩子拥有健康的心理，从而奠基幸福人生。

这两件大事正是学校"文润德泽"品牌建设的着力点，由此也就决定着文德路小学今天要培养的学生是具有积极人格的文德少年。

形塑"文润德泽"办学品牌，最先需要厘清一系列追问。

(二)描绘于品牌形塑的追问

文德路小学为什么要培养有积极人格的学生？

积极心理学理论启示我们，积极的人格特质决定了人们的生活态度和行为方式，是个体一生幸福快乐的核心因素。青少年是人格形成的重要时期，应不断培育学生积极的人格品质，以积极人格的力量抑制消极人格品质增长。

于是，文德路小学的学生就像花朵，绽放着智慧、卓越、自律、勇气、爱心、正义的品格与风采，如君子兰一样敞现君子般的风姿，如百合花一样敞现纯真洁美的品性，如迎春花一样敞现凌寒迎春共芬芳的气度，如鸢尾一样敞现对大爱、自由、美好的向往……

怎样的教师有资格培养具有积极人格的学生？

也就是说，培养具有积极人格的文德少年的人，应该具备怎样的素质，如何具备这样的气质与素养？现实状况与理想要求之间又有哪些差距？对此，需要做的就是加强师资队伍建设，即加强学校人力资源的开发与管理，让文德路小学的教师具有能培养积极人格的文德少年的气质与素养。

文德路小学通过什么内容培养具有积极人格的学生？

这里的教育内容，主要指课程，因为课程是实施素质教育、实现培养目标的载体。学校需要对文德路小学的国家课程、地方课程与校本课程进行检视与反思，通过国家课程生本化、地方课程特色化、校本课程多元化，实现整体课程的优质建设，进而发挥其培养具有积极人格的文德少年的价值。

文德路小学通过什么途径培养具有积极人格的学生？

首先是探索什么样的课堂教学有利于培养具有积极人格的文德少年。在心理健康教育的传统特色基础上，文德路小学开展课堂学习情绪干预策略研究，致力于构建积极的课堂环境，满足学生的安全需求；呈现新颖的教学内容，满足学生的趣味需求；组织多样化的教学活动，满足学生的成功需求；建立合作的学习氛围，满足学生的归属需求；创设自主学习的空间，满足学生的自主选择需求。

其次是探索什么样的班级管理才有利于培养具有积极人格的文德少年，再次是探索什么样的主题活动才有利于培养具有积极人格的文德少年，以及最后探索什么样的校园环境才有利于培养具有积极人格的文德少年。

文德路小学如何统筹诸要素，采取切实有效的策略，达成育人目标？

这是一个管理问题。学校是一个社会组织，组织因任务而存在。要完成组织任务，达成组织目标，就需要科学管理。仅仅单项要素优秀是不够的，还需要统筹整合各要素，优化系统内外资源，其推动策略包括组织管理策略、绩效评价策略、课题推动策略、形象传播策略。

在一系列追问下，文德路小学描绘其"文润德泽"的教育蓝图，呈现的是下图这样一幅独特的办学品牌形塑路线图。

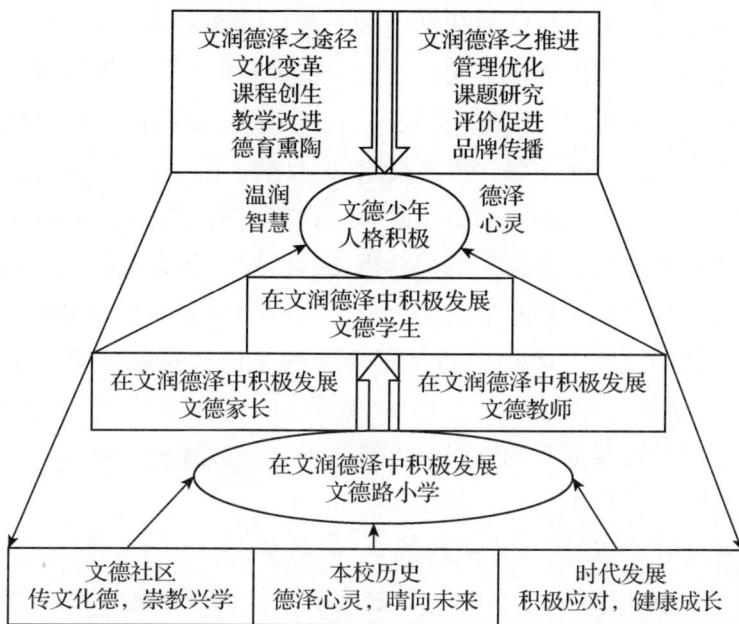

```
┌─────────────────┬─────────────────┐
│  文润德泽之途径   │  文润德泽之推进   │
│    文化变革      │    管理优化      │
│    课程创生      │    课题研究      │
│    教学改进      │    评价促进      │
│    德育熏陶      │    品牌传播      │
└─────────────────┴─────────────────┘

       温润              德泽
       智慧   ╭────────╮  心灵
            │ 文德少年 │
            │ 人格积极 │
            ╰────────╯

      ┌─────────────────────┐
      │  在文润德泽中积极发展  │
      │      文德学生        │
      └─────────────────────┘

┌──────────────────┬──────────────────┐
│ 在文润德泽中积极发展 │ 在文润德泽中积极发展 │
│     文德家长      │     文德教师      │
└──────────────────┴──────────────────┘

       ╭──────────────────────╮
       │  在文润德泽中积极发展   │
       │    文德路小学         │
       ╰──────────────────────╯

┌────────────┬────────────┬────────────┐
│  文德社区   │   本校历史  │   时代发展  │
│传文化德，崇教兴学│德泽心灵，晴向未来│积极应对，健康成长│
└────────────┴────────────┴────────────┘
```

三、办学品牌的传播

在推进素质教育与课程改革的进程中，文德路小学写下了光彩夺目的篇章，获得了社会各界的赞誉，被誉为"科研的先锋，办学的楷模"。《人民日报》《中国教育报》《南方日报》和中央电视台、广州电视台等媒体多次介绍学校教育改革的成功经验和取得的办学成绩。

昨天，文德路小学在"文润智慧，德泽心灵"的办学理念的引领下，成为孩子们快乐成长的学园、多元发展的乐园。

今天，文德路小学正紧跟时代前进的步伐，实现新的突破和跨越，用心打造一个更加芬芳璀璨的百花园。

明天，文德路小学将继续勇立基础教育改革的前沿，积淀"文德文化"，绽放"文润德泽"的教育魅力。

（一）办学成效

在文德路小学，最亮丽的风景，就是自信快乐的文德少年。

学校通过丰富的校园文化活动和积极的课堂改革，开发学生潜能，发展学生个性，提高学生素质，激活学生多元智能，发展学生特长。进而，学校培养出了"会思考、会交流、敢创新、有知识、有原则、有爱心，思维活跃、均衡发展、勇于探索"的自信、阳光、快乐的文德少年，也造就了蜚声世界、多次获得国际合唱大赛金奖和银奖，并且连续十三届获得广州市合唱比赛第一名的合唱队；造就了获得历届多项冠军、扬威全国的无线电测向队；造就了代表广东省参加全国艺术展演获得一等奖载誉而归的文德艺术团；造就了屡获殊荣的田径队、游泳队、管乐队等。

文德路小学成就文润德泽的办学品牌，为教育实践提供了丰富的创新经验。

学校秉承"一切为了孩子的未来"的办学宗旨，以人为本，营造"文润德泽、和谐快乐"的学校文化，实施了文化引领学校发展的策略。这一文化，成为催生教师专业成长和学生生命发展的深厚土壤，成为学校人文传统与良好校风的根本之源。在这一文化的滋润下，孩子们全面、和谐、快乐地成长，学校的办学实力稳步提高，取得了丰厚的成果，实现了新的飞跃，走出了一条有本校特色的素质教育之路，铸就了"文润德泽"的办学品牌，为教育实践提供了丰富的创新经验。广东省教育厅先后两次把文德路小学素质教育的实践与思考报送国家教育部，专家评价说，在文德路小学看到了最好的素质教育经验。

当共青团中央书记处书记、团省委副书记、团市委书记等领导到文德路小学视察工作时，他们对学校的德育工作给予了赞赏与肯定——德泽心灵，盛开出美丽的花朵。

当广州市纪委书记在广州市教育局领导、越秀区纪委书记和副区长、区教育局党委书记和副书记等人陪同下，到文德路小学就学校开展"公共服务廉洁化"工作进行调研时，高度评价了学校的活动能联系学生的实际，与家庭一起构建起教育的共同体，丰富了廉政教育形式，拓宽了廉政教育的覆盖面，取得了很好的效果。

当越秀区区长、副区长在越秀区教育局相关领导的陪同下到文德路小学指导工作时，给出了这样的赞赏：文德路小学无论是办学质量还是特色发展，都取得了可喜的成绩，得到社会的认可，对越秀教育的发展做出了重要贡献。

专家、同行来校交流

（二）交流展示

2008 年 6 月 11 日，美国三藩市立大学和香港大学的 30 多位专家和教授来到文德路小学，与学校英语科组和艺术科组的教师进行交流。下午两点，一群可爱的英语"小天使"把来自美国三藩市和香港的专家、教授迎进校园。"小天使"们一边带领来访者参观校园，一边绘声绘色地向来宾介绍学校。这些远道而来的专家、教授观摩了二年级的英语课和美术课，参与了团体心理辅导活动沙盘游戏。他们一致认为，文德路小学的教学不仅仅是让学生掌握知识，而且注重激发学生的学习兴趣和体验学习，注重学生智力多元化的培养，给予文德路小学高度的评价。观摩后，专家们与文德路小学的老师进行了深入的交流，探讨教学方法、上课模式、课堂有效性、评价方式以及对学生智力多元化培养等问题，来自三地的教育工作者在交流会上畅所欲言，加深了相互之间的了解。这次交流活动非常成功，成为三地继续进行教学经验交流活动的开端。

2014 年 11 月 21 日上午，英国布里斯托尔市友好协会主席黛安·弗兰科比女士以及迈克尔·沃特先生在广州市外事办领导的陪同下，来到文德路小学进行参观访问。本次访问是继当年 8 月文德路小学英法文化交流团赴英国友好城市布里斯托尔市进行友好交流的回访活动。在听取学校介绍后，黛安女士为学校秉承的"一切为了孩子的未来"办学宗旨、丰富的活动课程、多彩的校园活动所打动，真诚希望英国布里斯托尔市的学校与文德路小学结成友好学校。随后，外宾观看了六年级体育大课间的活动，为孩子们整齐的步划、响亮的口号、娴熟的跳绳技能所吸引。当走进一年级的音乐课时，他们忍不住与孩子们一起唱一起跳；欣赏美术课时，他们对一年级孩子们的手工制作赞叹不已，和谐快乐、阳光自信的文德学子给外宾留下了深刻的印象。通过友好的沟通，双方明确了今后的合作方向，共同协商为加强双方在教育文化上进行更多更深入的交流而努力。

2014 年 3 月 19 日，来自"ELLE 国际教育交流项目"的 18 位美国教育专家、校长在华南师范大学基础教育培训与研究院常务副院长王红教授的带领下，来到文德路小学开展教育交流活动，同行的还有十多位参与该项目实验研究的基地学校的中方校长。来访的美国校长高兴不已，赞叹不绝，纷纷和孩子合影留念。文德路小学在传承优秀传统文化的基础上，倡导"中西融通"，以国际视野开放办学，努力为师生搭建多元交流的对话平台。这一次国际教育交流活动，又进一步推动了学校朝着多元优质的方向发展。

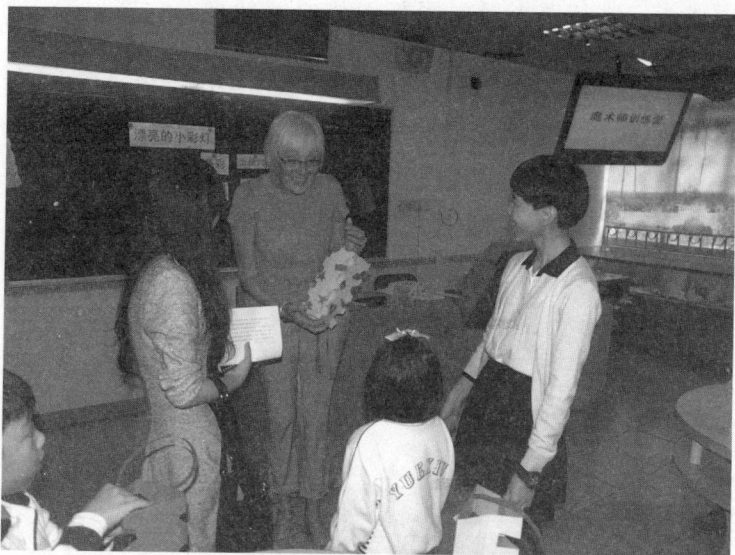

英国友好协会来校参观

(三)帮扶成长

2011 年 10 月 19 日,华南师范大学基础教育培训与研究院和越秀区教育局安排了"北京市顺义区小学教研员、业务干部培训班"的学员来到文德路小学,进行影子跟岗学习。学员们参观了校容校貌,观摩了语文课、体育课和中队主题会,参与了无线电测向队的特色体验活动。在"文润智慧,德泽心灵"办学理念的引领下,文德路小学所形成的"以爱育爱,以心灵培育心灵,努力打造幸福校园"的育人氛围,令他们感受深刻。无论是人本的管理模式、多元的课程设置、灵动的学科课堂,还是丰富的体验活动,无不体现出学校对师生个体的尊重和生命的关爱。他们纷纷称赞学校的各项工作精细中显特色、质朴中见精彩,表示不枉此行。

文德路小学党员教师多次"送课下乡"。2009 年 8 月 25 日,文德路小学响应越秀区、局党委开展的"互促共进聚党心、惠民利民建首善"主题活动,到阳江市江城区送课,与困难地区、农村地区的学校交流研讨，共同成长。文德路小学向同行们传递了新理念、新方法、新模式，得到阳江市江城区领导和教师的高度好评。

第二节　润泽生命的文化样态

一、校园物象的张力

昔日广府学宫，今日现代名校。随着"文润德泽"办学特色的不断锤炼，文德路小学已经迈入了"文化滋润，智慧绽放；德育泽养，心灵美好"的诗意化发展阶段。

漫步校园，两棵枝叶繁茂的参天古树散发着芬芳，与中西合璧建筑风格的教学楼遥相呼应，见证"文德人"崇教兴学的真情与传文化德的智慧。典雅的文德广场弥漫着孩子们的欢声笑语，驻足观赏，古朴的艺术长廊记录着孩子们丰富多彩的文德时光。放眼看，墙壁说话，花草传情，磐石明智，这一切都彰显出教泽绵长的独特风韵。

学校主体教学楼

（一）文化标识见意蕴

今天，在社会生活中，形形色色、不同功用的标识随处可见。这些标识往往图文并茂，以其独特的意蕴与人对话，传情达意。文化标识对于学校发展起着重要的作用，它承载着一所学校独特的信息，是学校办学价值的载体，也是学校办学形象的识别体，更是学校办学特色的传递者。

文德路小学的文化标识，演绎的是"文润德泽"的特色文化。这些标识主要包括校训、校徽、校歌等。

校训，"文德人"最铭心的运动。

文德路小学以"文明、团结、勤奋、进取"为校训，意味着文德路小学注重学生的德行培育、品格熏陶和行为养成，意在引领每一代"文德人"乐于做一个文明的人，做一个团结的人，做一个勤奋的人，做一个进取的人。

校徽，"文德人"最暖心的荣耀。

文德路小学的校徽"WX"，以简约的字母组合构图，分别为文德路小学"文小"的第一个字母。"W"即"文"，代表知识、文化、礼仪，指向的是文德路小学的教育是用优秀的传统文化和先进的科学知识，培养学生的独立思考能力、创新能力、实践能力，发展孩子们的智慧。"X"即"小"，代表"小学"，就是要办一所现代化品牌学校，其中学校有灵魂，教师有思想，学生有智慧，家长有信心，具有良好的社会美誉度和广泛的公众知名度。校徽中的红色代表着吉祥、喜气、热烈、奔放、激情、斗志；黑色代表崇高、坚实、严肃、刚健；绿色象征着生命、平衡、和平和生命力。这些颜色组合，寓指"文德人"以严谨的态度、高尚的品格，在教育改革之路上坚持不懈，以昂扬的激情，带领"文德学子"乘风破浪，不断前行。

校歌，"文德人"最醉心的宣言。

文德路小学的校歌是《文德路上百花香》。为了激励师生追求成长，凝聚"文德人"的爱校情怀，凸显学校的办学特色，推动校园的文化建设，1991年学校合唱团录制了这首校歌。校歌旋律优美，充满朝气，鼓舞人心，象征着"文德人"勇于改革、拼搏向上的精神面貌。

(二)校园景观见童韵

文德路小学是一所校园优美、设备先进、具有广州特色的现代化小学。点缀在校园边角的一个个精心设计的景观，张贴在走廊、墙壁上的字画，随处可见的用于激励、提醒的话语，一切都显得亲切、温馨和自然。

一入学校大门，是一条十来米长的校道，上有雨棚，为师生遮风挡雨，左侧墙面是办学宗旨"一切为了孩子的未来"九个金色大字，右侧墙面是名为"祖国的花朵"的大型浮雕。

以"一切为了孩子的未来"为办学宗旨，意味着文德路小学致力于每一位学生的发展，为学生的终身学习和发展奠定坚实的基础。学校把学生终身学习的意识、学会学习的能力、探究精神、责任意识以及适应社会和创造社会的能力放在基础教育最重要的位置，把它确定为学生终身发展的基础，从而也把它们确定为基础教育真正的基础。

"祖国的花朵"大型浮雕，诠释着学校"文润智慧，德泽心灵"的办学理念，蕴含的是文德路小学要以高尚的师德和丰富多彩的体验活动，实现学生的德行培育、品格熏陶和行为养成。

走过校道，眼前豁然开朗。校园满目苍翠，百年老榕树、皂荚树默默见证着历史的变迁，见证着学校的变化。艺术长廊穿插在两亭之间，"文润德泽"石立于百年老榕之下，园林小景、立雕浮雕融为一体，绿树鲜花争相辉映，人们不禁赞叹道："真美！"

"文润德泽"石展现的是"文润德泽，和谐快乐"的学校文化，"润""泽"

学校综合楼

表示以爱育爱，滋润孩子的心田，春风化雨般顺应孩子天赋，促进孩子的成长，潜移默化中泽养出美好的心灵，形成"文润德泽"的办学特色，从而"让智慧在文润中更为丰富，让心灵在德泽中更为美好"。"和谐快乐"指的是"人的和谐发展"的理想状态。

进入后操场，"千帆竞发"的立雕展现眼前，它指的是文德路小学始终坚持德、智、体全面发展的正确方向，以学生"健康第一"为指导思想，把体育工作作为全面提高学生综合素质的重要一环，强势推进。

走到任何一个班级的门口，都能看到一幅班级师生的全家福，老师和孩子们脸上洋溢着发自内心的笑容，透出幸福和谐的味道。课室的墙壁、墙报栏成为孩子们展示自我的天地，他们用自己喜欢的方式表达着自己的个性、兴趣和才华，抒写着对校园生活和学习的感受，记录着自己成长的每个足迹。

（三）功能场室见耕耘

文德路小学精心设计建成的体育活动中心、教育科学研究中心、信息中心、艺术教育中心、劳技中心、图书阅览中心、科技园等多个活动中心，吸引着孩子们如饥似渴地去学习、去探索、去追求，去寻找那果实累累的收获。

信息中心：建有网络管理中心、资源库、电脑室及智慧课室。学校为智慧课室配置了最新的平板电脑及无线网络设备，可以保证所有同学同时联网进行组内的协作学习和探究学习，同时还可进行小组的协作学习、个别化学习，教师可利用系统环境，通过多媒体网络系统进行教学。

艺术中心：建有合唱室、管乐室、舞蹈室、美术室等专用艺术场室，设施设备齐全。学校合唱队、管乐队、舞蹈队等队伍在这里得到滋养，合唱队更是获得了广州市"十三连冠合唱团"的称号。书法、茶艺、十字绣、中国画、线条的魅力等艺术类课外小组无不吸引学生驻足。

图书阅览中心：建有电子阅览室、教师阅览及学生阅览室。信息化的管理，开放的平台，充足的资源，在这里每天静静阅读半小时，有利于培养孩子们良好的阅读习惯。自由借阅制度帮助孩子走进图书馆，使用图书馆。

科技园：建有标本展厅、科技作品展厅及科技课室。不仅如此，学校还在每层楼梯间布置了环保科技平台，让科技知识走近学生，吸引每一双好奇的眼睛，激发学生展开对未知的想象与探索。学校科技测向队在全国、省、市等各项比赛中成绩突出，是学校的明星队伍，在全国享有盛誉。

二、文化磁场的活力

校园文化是学校教育的重要组成部分，美国著名教育家杜威曾指出："教育必须利用环境的作用，离开了环境也就没有了教育。"学校在努力构建"文润德泽"文化场，即充满人文关怀，让师生健康快乐成长的文化场。通过"场"的引力凝聚智慧，通过"场"的势能约束行为，通过"场"的辐射激励师生，通过"场"的影响促进师生的发展。当你走进文德路小学，看到的是诗情画意的物象，感受到的是文润德泽的张力。而当你沉浸于文德路小学的日常生活，体验到的是生命的温馨律动，享受到的是文润德泽的快乐。整个校园，俨然一个文化磁场，释放着师生积极向上、勇于创新、和谐快乐的生命活力。

(一)富有浓郁人文气息的动态教师成长文化环境场

清晨，校长微笑着向每一位师生行礼问好，用笑容传递着师长的爱。学校在关注学生成长的每一个时空、每一个细节，努力建造一个适宜学生生命发展的学园、家园和乐园。这种爱的关怀使充盈着生命律动的校园，泛起浓浓的人文情怀。人的良好的精神状态带来的价值是无法估量的，好的精神状态使人意气风发，同心同德。学校实施了人性化的民主管理，以开放平和的文化心态，鼓动教师，服务教师，引领教师，成就教师，构建起开放、平等、合作、团结、民主、和谐的文化环境场，使教师工作的积极性、主动性和创造性得以最大限度的发挥，形成凝聚力和向心力。学校为教师构建宽松快乐的工作文化环境场，为教师的发展提供广阔的平台，重新修订评价标准，从科学人文的维度对教师的工作给予充分的肯定和赏识，让教师在工作中感受满足和快乐。

校长的微笑

心灵关怀首先来自学校的领导，校长怀着乐观积极的心态，让积极的快乐的心成为阳光般的能源，辐射他人，温暖他人，激励他人。

这种关爱表现为公平公正地对待每一位教师，要求一切从工作出发。择人、设岗、褒奖、责罚等一切都是为了工作，不掺杂个人私情，不树立个人标准。

这种关爱蕴藏着对同事的盼望。这份期望不明说，却让每个教师都能感受得到。这份涌动着的期望能激励教师，让每个教师都能将自己视为可塑之才，相信有成功的机会。在学校，校长发自内心的适时的称赞成为教师自信与动力的加油站。

这份关爱体现为教师主体地位的确立。学校给予教师在学校管理中的参与权和决策权，善用人之长，为教师创造表现才能、发挥才能的机会，提倡教师勇于表现自己。

这份关爱更体现为对教师职业生命的关爱。引导教师制订与学校发展目标相一致的个人发展规划。教师的成长是一个终身学习的过程，教师职业生涯设计就是对终身学习的设计。教师专业成长是一个持续渐进的过程，学校和教师一起设计与规划，引领教师走向教研之路，让教师享受职业出彩的乐趣。

(二)潜移默化的、和谐快乐的、积极向上的学生成长文化环境场

文化育人之所以强调精神的、信仰的、美德的、挖掘兴趣培养个性的育人效果，就是要在有形的文明状态中，规范人们生活的秩序，把握人性的自我教化，以此形成有规则、有秩序的状态，以透明莹亮的晶体展示人性美德，以文化育人、德润天下的风范铸就文明的晶体。学校每年举行富有特色的新春音乐会、科技创新节、体育节、外语文化节、阅读节、数学文化周等活动，增加学生的文化体验，让学生在文化环境与校园的快乐活动中，提升品位，减轻压力，展示才华，茁壮成长。

开学典礼

每年初春的开学典礼，师生一起舞狮子、穿唐装、派利市、动漫拜年、对春联，喜气洋洋，极富中国特色和人文关怀，使孩子们在心中涌动起暖暖的春意。

2015年9月1日上午，文德路小学举行以"珍爱和平筑梦未来，明责担当超越自我"为主题的开学典礼。这次开学典礼凸出"和"字，让学生们充分感受到和平创造了美好的生活，并学习到如何从身边小事做起，成为一名和平的使者。

这次开学典礼不仅有传统的升旗仪式和校长致辞，还有对 9 月 3 日纪念抗战胜利 70 周年阅兵相关知识的分享，辅导员李老师号召少先队员们以国家富强为己任，从小立志自强，做新时代的革命事业接班人。

"和的分享"环节，在合唱队《让世界充满爱》的歌声中，辅导员陈秀茹老师娓娓道出 2014 年诺贝尔和平奖得主马拉拉·优素福·扎伊的故事。这位最年轻诺贝尔和平奖得主以她在枪林弹雨的环境中执着上学的行动赢得了该项奖项，陈老师借此向学生传递坚持做好自己应该做的事情的精神，鼓励培养学生的责任感。暑假远赴德国 CISV 的学生，也对这项以促进世界和平教育为目的而进行的国际文化交流活动展开回顾，并向学生们传递 CISV 理念——超越人种、宗教、政治、生活方式和经济体制，让世界各地的人认识人类的共同点，相互理解各自不同的想法，培养理解、忍耐、和平、友爱的精神。

值得一提的是"和的传递"环节，这个环节包括为广州文明行为、校园文明行为点赞；测向队群英展示测向风采；金海豚中队分享他们在艺博园当小小解说员的乐趣，让学生们通过通俗易懂的漫画了解抗战历史；DFC 小组的同学分享假期参加义工活动的体验。学生们以实际行动生动地诠释了新版《中小学生守则》中明理守法讲美德、自强自律健身心、勤劳笃行乐奉献等观点。

"和的延续"环节，全校师生共同折纸鹤，师生代表上台讲述自己的心愿。最后，学生们把这些纸鹤设计成一幅创意画，贴在班级墙报上。一只只五彩缤纷的纸鹤代表了师生的新学年愿望，大家携手迈向新的学期。

（三）面向世界的、多元文化交融的、开放的国际文化环境场

文德路小学师生走出国门，与澳大利亚北贝多莱小学、韩国光州鹤云初等学校、美国胡佛中学、日本武藏台小学等学校结成姐妹学校。学校每年派出 10 位 11 岁的孩子参加由 12 个国家组成的 CISV 国际交流营，并多次作为友好城市的代表参加国际文化交流活动，通过互访交流拓宽了视野，丰富了课程资源，擦出了友谊的火花。

学生在 CISV 国际交流营

　　2016 年 5 月 3 日下午，天空飘下毛毛细雨，惬意地洒落在操场上。文德路小学全体师生喜迎由李克东教授带领的从日本远道而来的教育同行——"可视化学习行动研究"项目的日本朋友。他们有来自日本大阪关西大学的久保田贤一教授，来自日本东京明治大学的岸磨贵子副教授，来自日本大阪关西大学小学部的教师三宅喜久子博士，以及作为翻译的日本大阪关西大学的研究生张晓红女士、广州市电教馆何一茹老师等。

　　李克东教授、日本教育专家及项目课题组实验学校等相关老师在阶梯教室观摩了一节由何玉华老师执教的四年级英语课。日本教育专家对何老师精彩的课堂教学非常赞赏，李克东教授也对这节英语课例给予很高的评价。课后，学校领导与日本的教育专家以及课题组老师们在会议室针对文德路小学可视化学习行动研究的现状，进行了愉快融洽的交流和探讨。三宅喜久子博士对文德路小学在短短一年之内取得的阶段性成绩表示惊讶，对学校在可视化学习的推广以及对教师的思维工具使用培训的做法非常感兴趣。

三、特色项目的魅力

2016 年 1 月 26 日，南方日报旗下教育微信公众号 shangxuele001 的上学君，走进书香老校文德路小学，在对陆蓓校长的访谈中，发现了学校的三大"出人意料"。

其一，"自信娃"可向学校申请办"个人秀"。与学校的名气相比，藏在商肆之中的文德路小学本部大门颇为低调。这个占地 6000 多平方米的老校区，绿树红楼间尽显精致。风雨长廊的宣传栏没有呆板的管理规章和空洞的宣传画，而是成了各科组、班级乃至孩子个人的"大秀台"。班歌比赛风采展、征文比赛优秀作品、数学手抄报、学生书画展……记录了孩子们成长的点点滴滴。校长陆蓓告诉上学君，学校的文化宣传栏向所有师生开放，认为自己在某个方面特别优秀的孩子，都可以向学校提出申请，在此开办个人风采展。前不久，学校就特意辟出专区为一位"小画家"办个人画展；还有一位"轮滑高手"在这里展示自己帅气的图片和学习心得。

其二，闹市"小学校"办成阳光长跑全国先进校。跻身于闹市的文德老校区，运动场仅有两个篮球场的大小。利用有限的空间开展体育锻炼，文德路小学竟成为全国阳光长跑先进单位。秘籍究竟在哪里呢？陆校长说，近十年来，每天早操后，全校学生都会分批在操场上坚持 20 分钟的蛇形跑。即便进入寒冬，仍有孩子自发在课后跑步锻炼。

其三，小学生写提案，"每周一天便服日"建议获批。为了激发孩子们自主思考的积极性，培养"领袖型人才"，学校还在全市率先举办少先队代表大会。大会每两年一届，征集全校师生对学校管理的提案。大会期间，学生代表与学校行政班子面对面沟通提建议，每一个少代会提案学校都要认真答复。有一年有学生提出每天穿校服回校单调无趣，希望学校设立"便服日"，校领导班子随即组织师生讨论。"设'便服日'可以带来积极的学业情绪，但哪一天让学生穿便服回校合适？"学校行政起初提出周五实行，却遭到学生们的反对，学生们认为每周三是一周学习的疲惫期，当天穿便服能提升学生上学的热情。认为学生们言之有理，校长随即拍板，将学生的这一提议列入学校日常管理制度。

像这样的"出人意料"，对于文德路小学来说已是常态，文德路小学的诸多特色项目已经展现出独特的魅力。

（一）心理辅导项目：辅导心理，愉悦日常

1994年，文德路小学制定了"发展健康心理，全面提高学生整体素质"的实验方案。经过多年的实践，学校构建出"全员参与，全面关爱，全程辅导"的学校心理健康教育模式。2002年，文德路小学成为教育部团体心理辅导实验学校，2006年又成为广东省心理健康教育示范学校。2007年，学校在传承中超越，把心理健康教育作为实施"文润德泽"教育品牌、打造"和谐快乐"校园文化的重要载体，把它引向"快乐心灵"这一高层次的要求上，上升到"人的和谐发展"的理想状态，以此提升师生的生命质量。

在已有成果基础上，学校大胆引进国际先进教育理念，尝试用游戏的形式进行心理辅导和心理教育，把心理健康教育、心理咨询、家庭辅导、团体辅导、沙盘游戏、心理剧场、感统训练、学习困难训练融入常规教育教学之中。学校的尝试得到了专家的认可，引起了同行的高度关注，前来观摩的学校络绎不绝。学校坚持常态化引进专业机构和心理专家在校驻点为孩子、家长提供咨询和辅导服务的做法，开创了全市中小学校心理健康教育和辅导的先河。在这二十多年的探索中，跟随世界心理学的最新走向，从重认知到重情感，从重干预到重激发自我意识，文德路小学提出了六种积极人格的培养目标，通过学校一系列的课堂教学、班级管理以及学校活动，努力培养具有积极人格的文德少年。

（二）学业情绪项目：干预情绪，积极学习

2010年，文德路小学设计了"小学生学业情绪干预策略研究"课题，并申报立项为全国教育科学"十一五"规划课题。项目团队以理性情绪治疗、情绪智力、积极心理学和脑科学等理论为指导，依据学业情绪的内外影响因素，通过课堂教学、主题班会、小团体辅导、个别辅导、家庭治疗等途径对小学生学业情绪进行干预。在课堂教学、班级活动、小团体辅导和学生个别辅导等方面，该课题形成了小学生学业情绪的有效干预策略，对学生不良学业情绪进行了有效的干预，培养了学生良好的学业情绪，从而促进了学生积极学习，健康成长。

（三）经典诵读项目：诵读经典，涵养智慧

从 2005 学年上学期开始，文德路小学以语文学科为主，选取经典文选、经典诗词为国学课教材，开设了每周一节的"国学课程"教学实验，其宗旨为"读圣人书，立君子品；诵经典诗文，悟生活哲理"。通过学习经典，学校希望学生能够与圣人同行，树立君子品格，提高阅读古文的能力，陶冶诗性气质。

在实验过程中，文德路小学系统地规划了国学课程的内容及教学目标、教学计划：一年级教《弟子规》，二年级教《千字文》《千家诗》，三年级教《论语》，四年级教《大学》《中庸》《唐诗三百首》，五年级教《老子》，六年级教《史记》《资治通鉴》《汉乐府民歌》《诗经》，并形成了朗读吟诵、学科渗透、兴趣拓展的实施策略和"诵读经文——释义明理——践行拓展"的教学模式。

（四）典礼仪式项目：善正修礼，德泽心灵

经过近十年的活动策划与积累，文德路小学的德育团队为文德学子量身打造了一个心灵成长典礼课程，把常规的新生入学教育和入队仪式、六年级的感恩课和毕业典礼变成了文德学子心灵成长的节点。而这一系列的典礼课程不仅让"文德学子"得益，更让老师和家长从活动中收获感动。

学生和家长在开学前一起走进校园，参观番禺学宫、万木草堂等，参与和见证其终生难忘的文德第一礼、第一课和第一营。

文德第一礼——开笔礼：学生们在老师的带领和家长的见证下，到农讲所番禺学宫进行传统的"开笔仪式"。学生点朱砂，拜孔子，击鼓奋进，敲钟鸣志，诵读《弟子规》；学生稚嫩的身影在古乐声中步入明伦堂，聆听开笔的意义；学生懂得了要尊师重教，孝敬父母，好好学习，天天向上。

文德第一课——善正课：开笔礼结束后，学生和家长一起来到万木草堂，聆听"善正第一课"。学生在老师的引领下用稚嫩的童声诵读《弟子规》，学习向家长、老师行礼问好，明白了人生要走"正道"、存"善心"、知"礼节"，激发学生做善正之人，树报国之志。

文德第一营——亲子营：学生在老师的带领下，用游戏的方式，在与父母的同乐中，自信地介绍自己，开心地认识新朋友，在玩乐中熟悉新环境，并确立了新目标，消除了入学的紧张情绪，为更快更好地适应新的学习生活打下了良好的基础。家长还可以在专家的讲座中了解如何做好幼小过渡，如何培养孩子良好的习惯；在班级家长会中，了解教师的教学理念、对学生学习生活的要求，为实现家校合力、共同管理的教育目标打下基础。

两天的亲子营活动结束，孩子和家长意犹未尽，他们开始爱上了学习，爱上了老师，爱上了文德校园，迈开了成长的第一步。

入队仪式，成长之约：每年的新年前夕，一年级的学生集合在星星加火炬的队旗下，与爸爸妈妈共享身为文德学子的幸福成长。

在新队员入队仪式中，校长对新队员提出了新的要求和期望，接着团支部书记带领新队员宣誓。当新队员佩戴着鲜艳的红领巾，为父母献上入队第一礼时，家长们都十分激动！新队员们还与家长定下"文德之约"，这是德育团队精心设计的富有深刻含义的成长约定：新队员与家长用小指拉钩，代表这是一个成长的约定；大拇指相互支撑，代表孩子成长的道路上需要鼓励和支持；家长和孩子互相拥抱，代表互相接纳与宽容；最后，孩子和家长在耳边亲昵地诉说感恩与祝福的话语。整个仪式隆重规范又充满温情，家长在这里不但见证了一个光荣的时刻，还分享了孩子成长中的幸福。

感恩有你，润泽生命：在毕业班的感恩课中，孩子们感恩同伴、感恩老师、感恩父母、感恩学校。同伴的鼓励与拥抱；孩子对老师说出动情的话语；孩子含着泪细读父母给自己的一封信；最后全班孩子把对文德校园深深的祝福写在心意卡上，变成一棵"参天大树"，一如操场上陪伴文德学子成长的老榕树，再把这份珍贵的礼物送给学校，由校长亲自接受，留下孩子们一份份浓浓的爱校之情。

恩情终难忘，唱响毕业歌：毕业典礼上，校长亲手为每一个毕业生颁发毕业纪念册。纪念册中有每一个孩子的笑脸、每一个孩子的文章和画作，这是他们在文德最美好的记忆。学校邀请已经毕业的学长对学弟学妹送出殷切寄语，孩子们也为毕业班的老师送上充满敬意与谢意的鲜花。在场的家长纷纷举起相机，拍下这令人难忘的一刻。孩子们用不同的方式尽情表达对母校和师长的感激与不舍。

(五)少先队活动项目：实践体验，自主自立

践行公益，为善最乐。文德路小学拥有广州市首支义工队，多年来积极活跃在各种公益活动中，比如花市慈善义卖"福"字、为留守儿童送月饼、为山区孩子送字典，探访孤儿院，等等。通过这些活动，学校意在培养学生关爱他人、奉献社会的精神。

2014年10月12日上午，秋高气爽，阳光明媚，文德路小学"金海豚"和"彩虹星"两个志愿中队义工小代表共10人，踊跃参加了在流行前线广场举行的"预防登革、人人有责"报纸义卖活动。小义工们利用短短的一个多小时，义卖了200多份报纸，派发宣传品、宣传单张600多份，成为"防疫小卫士"，用实际行动为宣传防治登革热奉献爱心。

在义卖活动中，经过简单的卖报培训后，文德路小学三年级的大哥哥大姐姐带着一年级的小弟弟小妹妹，通过"大手牵小手"进行结对。在老师们的带领和家长的鼓励下，他们走上街头，在"推销"报纸、宣传品的同时宣传防治登革热知识。洪亮又略带羞涩的叫卖声吸引了地铁站、中华广场前路过的行人，路人们纷纷走上前去，向孩子们买报纸。不一会儿的工夫，这些会吆喝的孩子就完成了"销售"任务。也有一部分一年级孩子，比较害羞，不敢开口，"积压"在手中的

"福"字义卖

报纸自然就比较多。这时，老师、家长就鼓励他们克服羞怯心理，注意观察学习那些胆大的哥哥姐姐如何与人交流、"推销"报纸。慢慢地，这些孩子也敢于与路人交流了，手中的报纸也越卖越少，最终顺利完成了任务。

2014年11月17日，"文德队长学院"小干部于"2014文德路小学少先队辅导员及队干部聘任仪式"上集体亮相。33名大队委及大队干事在大队长郝雨时的带领下就职宣誓。本届队干部也是由队员民主监察、选举产生的，体现了队员们充分参与队务管理、发挥主人翁作用的精神。

文德大队委竞选活动也是一个队干培养活动。在竞选中，候选人要制定施政纲领，组建自己的助选团，并在红领巾广播站、中队和年级进行宣讲和展示才艺，还要参加综合实践活动，被考察协同性和行动力。这次，三、四年级的候选人在《睡不着的卡夫卡》的作者廖子老师的指导下学习指印画，并分组以"诚信"和"友善"为主题进行绘本故事创作。五、六年级的候选人参与 DFC 孩童创意挑战行动。他们成立了行动小队，寻找并确定行动主题，如"'嗑笔'不健康""文德花香满校道""校园积水 No！No！No！防疫小卫士 Go！Go！Go！"等。竞选活动改善了校内少先队阵地的环境和条件，也规范了队员的行为。各候选人通过一系列竞选活动，增强了作为队干部的服务意识和责任意识，提高了实践能力。

第三章

"文德"养师

文德师者，修身躬行，
以文载道，以德育人。
教育哲思，点燃梦想，
坚实脚步，成就精彩。
一路研修，一路歌唱，
生命之河，润泽流芳。①

---

① 《文德之师》，作者黄丽芳，文德路小学。

第一节 研修锤炼的职业形象

一、书香满怀的气质

每年 4 月，文德路小学都会形成一个巨大的阅读漩涡，声势浩大。校园里，孩子们像蜜蜂一样，沐浴在春日百花香中，沉浸在馥郁芬芳的书墨馨香中。翰墨飘香，童心盈润，欣欣向荣的不只是校园四月天的花草生灵，还有孩子们对知识的渴求。而文德路小学的老师们，也不甘示弱，各类读书活动在教师圈里如火如荼地开展着，如每月一书、青年教师读书心得分享、备课组读书沙龙等。

读书节　猜灯谜

你若以为，文德的少年只在芬芳四月手捧图书，文德的老师止步于奉令阅读，那就太小看这所百年老校啦！

(一)新教师的阅读分享

沐浴书香，是站在智者的肩膀上，透过纷繁复杂的矛盾和纷纭混沌的现象，敏锐捕捉、积极消化、充分吸收各种信息和知识，找到解决问题的新办法、推动工作的新路径，从而创造性地开展工作。

青年教师读书分享会

在文德路小学青年教师阅读《给新教师的 101 条建议》的分享会上，2015 年入职文德路小学的小陈老师，和大家分享的是第 74 条建议——给学生比实际情况稍高一点的评价。

"引导学生对他们的未来充满自信。虽然最终未必人人都能实现既定的目标，但他们一定会因此而格外努力。"

"我一直都在引导学生对自己充满信心，一旦他们有了自信，就可以一往无前。"

小华是个内向羞怯的安静女生，从不敢大声说话，也不怎么与人交流。课堂上老师提问，她就算知道答案，回答的时候也只是说给自己听，话都是含在嘴里的。她不敢举手，不敢回答问题，不敢展现自己。

小陈老师觉得必须帮小华克服与人交往的障碍，好吧，现学现用，小试牛刀！

第一步，给予机会，鼓励孩子们在课堂上积极回答问题。其实，孩子们特别愿意把自己知道的告诉老师，但对于小华来说，最需要突破的屏障就是"在大家面前说"。因此，小陈老师采用了随机点学号、开火车等方式，就算小华不举手也能有机会回答问题。

第二步，不吝肯定。《给新教师的 101 条建议》一书提到，给孩子比实际情况稍高一点的评价，能够让孩子更加自信，而且他们也不会觉得老师的表扬只是随口的。所以，小华第一次回答问题时，答案准确而且富有创意，老师给予了肯定，也收获了其他孩子热烈的掌声。当时，老师站在小华身边问了几次才勉强听到那个答案，可是，自此，小华开始尝试举手回答问题了。这是一个令人振奋的开始！在后面的每一次举手回答问题的过程中，小华不断取得自信，声音也越来越大。她不再胆怯地只说给自己听了，课下还愿意找小陈老师分享自己的生活见闻。这样的改变，快得连小陈老师也不敢置信呢！

一个学生的惊喜转变，是能够辐射班级其他同学的。班上平常不太愿意展现自我的孩子，也慢慢开始尝试放下拘谨。这样一次小小的实践，效果是惊人的！这给了新手老师一颗小小的定心丸：不墨守，愿实践，多尝试，勤请教。

那条建议的结尾，有这样一首小诗——

我觉得我有做一切事情的勇气，
所以我不断尝试，不断努力。
很明显，你不太相信我的能力，
但是你选择藏起你的怀疑。
也或许是我更相信你，
我最终成为了更优秀的自己。

小陈老师说，一名老师感到最幸福的时候，莫过于听到学生告诉老师——"因为你，我最终成为了更优秀的自己！"如今，在这条通往幸福的大道上，她不断尝试着，不停努力着！

看来，在推崇阅读的文德路小学，小陈老师和她的第一批学生成为幸福的受益者之一。而这样的案例，也只是教师通过书本获得理论，并灵活运用到实际工作的成功实践经验中的冰山一角。在汲取书香的过程中，教师的专业成长也渐入佳境。

(二)不读书，何以为师

教师儒雅，学生文雅，师生的审美素养、文化品位和道德修养无形中相应相生，这想必就是最好的教育——教师严谨地治学，勤奋地工作，无私地奉献，他们高雅的情趣追求和优雅的生活态度，必然会带给学生一种无声的教育。

强将手下无弱兵。我们经常说，一个班的气质其实就是这个班教师气质的反映。一个品德高尚、修为纯善的教师，他的班级肯定不会差到哪里去；一个热爱阅读，书香气质浓郁的教师，他的学生也极少不热衷文字。

如果要在文德路小学找例子，那真是俯拾皆是。

司徒瑜老师那周身儒雅的国学气质，总是潜移默化地影响着孩子们。她的男学生，哪一个不是温厚儒雅的谦谦公子；她的女学生，哪一个不是温润自强的优雅淑女。

邓伏娥老师将阅读作为教与学的重要生产力，她不只自己乐于阅读，勤于阅读，还积极推动校园、班级的书香活动，引导孩子们更好地将阅读进行到底。通过阅读，孩子们拓展了视野，活跃了思维，创新力与创造力与日俱增。"阅读"无疑成为这一切的强有力的推动力。

......

清人萧抡谓说："一日不读书，胸臆无佳想。一月不读书，耳目失精爽。"我们的老师又何尝不是如此。进入课堂，照本宣科，捉襟见肘，这是教师内心匮乏和苍白的表现。我们需要通过学习教育家、教育大师的著作来充实自己，让自己在博大精深的教育思想中更透彻地领悟教育真谛，反思自己的教学，这样才能让自己更有技巧，更富见解，使自己的教学更加成熟，形成自己的教育特色。教师通过书香濡染，使学科知识得以系统整合和灵活调度，在课堂上和生活中引经据典，妙语连珠，给学生以知识的充实和心灵的震撼。

很多人总有误区，认为成为书香教师只是语文老师的事情。诚然，语文教师必须具备一定的文学底蕴和阅读分析文本的能力，而这一能力的养成绝非朝夕。语文教师必须在长期的阅读过程中积累总结，形成一套自己的阅读方法和分析方法，从而游刃有余地将其运用到教学过程中。但是，其他学科又何尝不是如此呢？如果说教学方法是常教常新的"流"，那么知识才是永远不息的"源"，总是在更新换代。文德路小学的教师都知道，书香飘远，循着书香才能捕获书香，而书香雅师的人文氛围，也是学校教育资源的组成部分。

阅读，并非独属于语文老师的需求，教师职业的特点与发展，需要每一位教师不断充实与更新自己的知识储备。成为书香教师，不是目的，而是一个过程，一种需要。成为一名真正的书香雅师，更是需要在阅读的过程中努力思考、实践、沉淀，将接收到的知识、理论与经验内化为自己的修养和气质。正所谓"腹有诗书气自华"，这种"自华之气"，正是我们所说的"雅"。对知识的无限渴求，对阅读的无比热爱，使"文德之师"在一路书香中成为文雅的、优雅的、高雅的教师。

(三)唯有书香能致远

莫碧燕老师是文德路小学嗜书如命的教师中的一员。

关于读书的名言，她最喜欢的是西汉刘向的这一句："书犹药也，善读之可以医愚。"刘向饱览群书，学识渊博，致力于汇编书集，是天下读书人的楷模。对刘向这类爱书之士的崇拜，往往是教师渴望海量阅读的初衷——希望自己也能上知天文，下晓地理，左精音律，右通经略。虽然有点异想天开，但通过阅读，我们起码可以不做一个愚人。

和许多人一样，莫老师对自己生存的世界充满了好奇，也充满了幻想。日升月落的苍穹，四季更迭的大地，朝涨夕退的江河湖海，悲欢离合的俗世红尘……这令人向往的一切书中皆有。也只有书，能让人足不出户却洞悉一切。

游记和历史类图书是莫老师的最爱。游记中她比较喜欢的是朱自清的《欧洲印象》，奈保尔的"印度三部曲"，埃德加的《马帮旅行》，还有书云的《万里无云》。除了领略异域风光，这些书中的文字也很值得玩味。当然，阅览那些图文并茂、制图精美的地理杂志、旅游丛书也是一大乐事。每一次阅读，对莫老师来说都是一次身心愉悦的"旅行"。

对于历史，她喜欢读名人传记和记录朝代兴衰的书。古今中外的思想家、哲学家、政治家、军事家、企业家……他们的思想体系、人生历程、逸事趣谈、结局归宿，读来都饶有趣味。偏偏这些人物的人生遭遇都与历史大事件或是大转折密不可分，因此，读这些书也是在读历史的兴衰、更替、悲欢、成败。在书的世界里，读者可以纵横时空，也可以逆转光阴。

莫老师说：

"书犹药也，善读之可以医愚。"书读得多了，就会渐渐明白"善读"很重要。读什么样的书，决定了一个人会成为什么样的人，也就决定了一个人待人处世的态度。平常的人，大可以说："走自己的路，让别人说去吧！"但作为教师，它的职业要求是"传道授业解惑"，特别是小学老师，要做学生的表率，要以身示教，怎么可以道不明，思不虑，业不精呢？于是，选择读本时我不再只为兴趣，还会选择那些能提高教育效能的读本。例如，心理学、博弈学、管理学、性格分析、谈话技巧、行为指导等方面的读本。西方的学者对此研究得比较全面，书中往往有很具体的方法指导。如果需要心灵鸡汤或提升思想修养，东方学者的经典著作就非常实用。我还会看一些哲味小品、彩图绘本、科学杂志等，以便与学生有共同的话题，打开沟通之门。

我爱读书，更爱拥有书。我最喜欢一个人逛书城，而那里也是常常让我失去理智的地方。当我的手摸上那些有共鸣的书，我会有一种微妙的感觉，仿佛是彼此寻觅已久的挚友终于重逢。特别是我深爱的那几个作家，只要是他们的作品，我下手必定是"快、准、全"。当这些书褪去包装，在书架上落户的时候，它们就成为我生命的一部分。书越来越多，于是梳妆台拆了，卧室的那面墙变成了书架；杂物架撤了，杂物房的一面墙也成了书柜；茶几、饭桌、沙发、床头柜、电视机柜……一叠叠、一箱箱，似乎必须满目是书，人才觉得安心。

书虽然多，但我从不冷落它们。我最爱做的家务事就是整理书架了。搬把梯子，拿块干净的布，开始在书堆中流连。整理的时间会很长，有时一天也收拾不完，因为翻翻这本，读读那本，每一本都觉得应该拿出来再读。或是把书搬来搬去，按新的想法重新分类排序。爱书到了极致，便很少跟好友说起自己的书，因为怕对方开口说"借"。小气的我还特意在书柜明眼处贴了一行字："爱书如命，恕不借命"。我不收藏童书，但每逢元旦或"六一"，都爱挑选童书送给友人的小孩——只是在送出之前，我会抢先看完解解馋。有几本还真让我看得热泪盈眶。

1953 年小说《华氏 451》出版了。书中描写了在某个未来世界，政府下令烧毁所有图书馆和书籍。"华氏 451"就是使书开始燃烧的温度。小说中的一群爱书之人决心用熟记于心的方式把书一本本背下来，以便用口口相传的方式把人类的精神财富传承下去。这本小说让热爱读书的人纷纷给自己制定陪伴一生的书单。我也借助这些前人钟爱的书单便捷地读了不少好书。其中，安娜·昆丁兰的三个趣味书单很有意思——"十本值得花费整个夏天阅读的大部头巨著（但不适宜在夏日海滨旅游时阅读）""十本值得在火灾逃生时抢救的书（如果一个人只能救出十本的话）""十本帮助我们了解这个世界的非小说读物"。如果将来有一日居无定所，寝不安席，我最割舍不了的是五本书。这五本书被时时放在枕边，伸手可取，是我愿意熟记在心并让它们陪伴我走完人生旅程的书。

"一灯能灭千年暗，数语点醒世间人。这是书对于我的全部意义。"莫老师也曾这样感慨。

确实，一个人书读得越多，越可能发现世界的奇妙，越能体会人类思想的深邃，进而越发觉得自己的渺小和愚昧。阅读让我们知道，人这一生是"站在巨人的肩膀上看世界"。可这又是何等幸福的一件事啊！只要还有书，我们的人生旅途就会既不寂寞，也不平凡。

二、阳光之旅的情怀

多年来，文德路小学通过多种互动方式参与校本教研活动，包括
"文德阳光教师团体训练营""抗逆力教师工作坊"、读书分享交流会、
"菜单式"专家论坛、教师论坛、课题研究、案例论坛、叙事分享等，让
教师与专家、教师和管理者、教师与教师之间进行对话与交流、沟通与
合作，重点解决教育教学实践中遇到的问题，促使教师在不断提出问
题、解决问题的过程中实现专业发展。其中，团体训练活动是一道绚丽
的阳光，照亮教师的专业发展之路，成就教师阳光般的生命情怀。

文德阳光教师团体训练营

8月18日，一个平常的早晨，文德路小学的教师乘坐大巴开往训
练营所在地——南海南国桃园。参加训练营之前，校长没讲具体的活动
内容，不知她葫芦里卖的什么药。正是这样意想不到，正是这样毫无准
备，一个刚调来文德路小学的老师，虽然说"稀里糊涂"，却度过了三天
难忘的"阳光"之旅。

第一束意想不到的"阳光"

刚放下行李，活动就马上紧张地开始了：建立小队、给自己起"花名"、设计队徽队歌和口号……丝毫没有喘息之机。这两天我一直闹肚子，早上什么也没敢吃。活动全程都是席地而坐，长达数小时，我不禁满心愁云。终于挨到中间休息时间，没想到"西瓜"主动走过来告诉我她有药，取行李时就带下来，接着是校医、校长……大家的关心就像突然袭来的强烈阳光，照得本感孤单无援的我两眼发花。我暗自庆幸赶上了"贼车"，哈哈！

第二束意想不到的"阳光"

从小组建立活动开始，大家都以各自的代号相称，掩去了真实姓名，掩去了各种身份，使我突然觉得大家跟我都是一样的，一下子拉近了距离。而我们"蓝精灵队"最亲密无间的时刻是闯第一关——飞毯——的时候。20 个人站在一块 2 尺见方的"飞毯"上，导师说要在无一人掉下"飞毯"（没有一只脚出界）的情况下把布底朝天翻个个儿，难度不言而喻。当飞毯翻到一半，能够站的面积缩到了最小，这是最艰难的时候，也是决定成败的时刻。处于边缘位置以单脚支撑着身体的我，再也承受不了不断从人团中间挤出的张力，不禁大喊："我要掉下去了！"话音未落，"樱桃"就急忙喊道："抓住 wind！"一刹那，不知是谁的一只大而有力的手紧紧攥住我的手腕一拉……哇，我的手臂一伸直就几乎到了人团的中央位置，接着就是五六只手抓住了我的整个手臂。还没来得及反应，脚就被人打了一下，我知道这是准备跳起来让"救护员"扯"飞毯"的信号。与此同时，人团里不断传出响亮的声音，"坚持住！""我们一定行！""就快成功了，不要放松！"我听着，不禁热血沸腾，与其他队友在"1，2，3，跳！"的口令声中，默契地节奏一致地跳啊跳……

我为能尽自己全力使这个集体迈向成功而自豪。每一个"蓝精灵"都放射出耀眼的光芒，人团的温度已达到了最高。只听得"救护员"一声"行了！"人团"哗"地散开，欢呼雀跃。"我们成功了！""我们成功了！""唉！我在中间，都快窒息了。""哈哈哈……"还有什么比大家齐心协力克服困难后，获得的成功的喜悦更好的奖品呢？真是想不到，我们只用了12分钟就闯过了"飞毯"这一关。在这个过程中，挤的挤，跳的跳，抱的抱，抓的抓，脚臭汗臭混合……但是队友们没有指责，没有埋怨，没有放弃，有的只是鼓励、支持、互助。大家脸上洋溢着阳光般的笑容，身体散发着阳光般的活力。第二、第三、第四关就更不用说了，"蓝精灵"队走到哪儿，"精灵古怪，常胜不败"的口号声就响到哪儿！

小组分享时，我道出了心中的感动与感谢。没想到刚刚相聚还未完全相识，大家就如此不遗余力地关照我，始终给予我一种归属感。虽然不知那些搂住我的手是谁的，但是我始终难忘！

第三束意想不到的"阳光"

闯过四关吃晚饭，晚饭后只给一小时准备就要登台表演，真是马不停蹄。第一天结束了，大家都疲惫不堪，没想到第二天"阳光"依然灿烂，"罗马炮架"的竞技可谓高潮迭起。数根竹竿在众人七手八脚的捆绑下终于成了"炮架"。由于缺乏经验，我们队的炮架先天不足——结构有些不合理。接着，就要看哪队的"炮弹"射得远了。我们"蓝精灵"队毫不气馁，先天不足后天补！用人把炮架的脚位垫高，反复研究角度、力度，终于"世界纪录"在"蓝精灵队"的"贤齐"身上产生，不过这也撼动不了黄队的盟主地位。活动进行不到一半，意想不到的事情发生了，本是对手的队伍竟互相加起油来："加油，加油……"声浪此起彼伏。不管射得远，还是射得近，每个队都洋溢着欢声笑语！场上热闹非凡，气氛胜过头顶似火的骄阳。阳光的心态带来了阳光的状态，阳光的状态带来了阳光的神采！

大家玩兴未尽，开始了"水弹"大战，各队队员用炮架把吸足了水的海绵射向另一队阵地上。射着射着，有的队员嫌太慢不过瘾，干脆抓起"水弹"就向对方阵地扔去，不怕"死"的甚至冲到对方阵营中。男队员更是冲锋在前，抓起水桶展开了泼水大战。真是"水弹"满天飞，笑声彻天穹！

分享时，我依然无法按捺住兴奋的心情。

"阳光"无数难尽数，愿"阳光"常在，永远灿烂！

　　写到这儿，本应结束，但想到就连地球都不能日日晴朗阳光灿烂，何况渺小的人呢。在这次团体辅导中，我们队也有过争议，遇到过困难，有队友生病……但是回想这三天的经历，我更有所悟，一个个体不可能无时无刻都"阳光灿烂"，但是如果形成了一个真正的团体（我将此词引申为团结的集体），它就能永远"阳光"。因为那样的团体中的个体会自主互补，每一个"太阳"都愿意照亮别人，那么在个体没有"阳光"的日子里，他也能反射阳光做个"月亮"呀。

　　我庆幸能沐浴在文德的"阳光"中，希望以后常常都能有"日光浴"。更有意思的是，活动结束后的几日，老天一直在下雨，那三天真是名副其实的"阳光"啊！

三、文德师者的论坛

　　突出教师的主体性，突出教师的参与，在参与中思考，在思考中提升，在活跃激荡的、无拘无束的学术氛围中迸发出创新的火花。文德路小学正是以"教师论坛"来引领教师发展的步调的。

教师辩论会

在这一主题式教师论坛上，文德路小学的教师就教育教学的各种问题进行分析汇报，分享经验，提出困惑，参与的教师和专家也发表各自的看法。在讨论和碰撞中，广大教师进一步明确了理念与教学的关系。

同时，我们还开展了多种形式的专题答辩，由科组制定专题，组织答辩"评委会"，邀请校外专家参与答辩评审，教师准备答辩内容。学校鼓励教师大胆提出教学中的所思所惑，激发他们的创新意识，培养他们的创新能力。

12月11日下午，文德路小学举行了"推崇有智慧的文德教育，营造仁爱和谐的阳光团队"教师辩论赛。六个辩论队针对"作为教师德更重要还是才更重要""小学生是否是自己情绪的主人"以及"习惯养成重在自律还是他律"展开辩论。

表 3-1　教师辩论赛活动时间表

时间	内容
3：30	辩论赛开始
3：30—3：40	活动操
3：40—4：20	第一场辩论：作为教师，德更重要 作为教师，才更重要
4：20—5：00	第二场辩论：小学生是情绪的主人 小学生不是情绪的主人
5：00—5：05	活动操
5：05—5：45	第三场辩论：习惯养成重在自律 习惯养成重在他律
5：45—6：00	休息（评委商议）
6：00—6：25	专家点评
6：25—6：30	公布辩论结果

辩手们集思想性、逻辑性、明辨性、前瞻性于一体，引经据典，唇枪舌剑。一辩优雅的台风、条理清晰的语言，给人娓娓道来的感觉；二辩、三辩或言辞犀利，或言语幽默，娴熟的辩论技巧引来阵阵掌声；四

辩带动观众，晓之以理，动之以情。辩论赛高潮迭起，精彩纷呈。

辩论的意义不在于将对方打倒，而是通过准备辩论的过程，提升教师自身的综合素质，体现团队的合作意义。在辩论的精心准备和演绎呈现过程中，教师们重温了辩证法、教育学、心理学、新课标，学习了孔子、孟子等教育家的思想，并结合自身的工作经验和学生实际，反思教育方法。这极大地提升了综合素质，为教师的专业发展提供了新颖生动的形式。

第二节 科研提升的专业水准

一、叙事研究的广度

文德路小学引入"教育叙事"的交流方式，教师全员参与，对教育、教学进行回顾反思，写下许多精彩的教育叙事故事。教师精彩的故事折射出"一切为了孩子的发展"的理念。从具体的教学事件出发，解释教学事件背后所隐含的理念上的问题，使教师成为新课程实实在在的研究者。

(一)表扬的事儿有多好

表扬是巩固学生正确的思想和行为、激励学生自信上进的好办法，在教育工作中被广泛运用。尤其是对待低年级的学生，广大教师更是经常使用各种形式的表扬，以加强教育的效果。但是，一件小事却引发了"文德师者"对"表扬"的另一种思考：表扬的负向效应。

那天，我刚上完语文课，正在讲台收拾教具，准备回办公室。这时，班上的小宁同学递给我一把很漂亮的尺子，说是在课室门口捡的。我顺手接过尺子，说："做得好！你真是个诚实的孩子。"考虑到小宁平时比较调皮，得到的小红花没有其他孩子多，我又请他拿出家庭联系本，在上面给他盖了一朵小红花。当时，看着小宁胖胖的小脸蛋上露出了甜甜的笑容，我心里也感到很高兴。两三天后，小宁又交上了一块橡皮，接着又是一支铅笔，每次我都表扬了他。

可是，后来有同学告诉我，那些橡皮、铅笔等根本不是捡的，而是他从别的同学桌面上拿来交给老师的。我感到很震惊，马上找小宁谈话。他说，想让老师表扬表扬自己。起初，骗老师有点害怕，但没被老师发现破绽而且还受到了老师的表扬后，胆子就大了起来，开始一次接着一次地做这样的事情。在谈话中，我首先肯定了小宁第一次捡到尺子，主动交公的做法，又与他分析了后来拿同学的东西交给老师，到底是好事还是坏事，并且错在哪里。最终，小宁意识到自己错了，表示以后再也不这样做了。

这件事情对我触动很大，我想，作为教师，尤其是小学教师，无论是从心理学的角度，还是从教育学的角度，我们都应该继续坚持以多鼓励、多表扬为主的教育方法。但是，我们也要知道，过多或过易的表扬，也会引发学生的不良动机。有些学生为了获得老师的表扬，往往会产生认知失调，表里不一，甚至染上虚伪的恶习。学生过分渴求老师的表扬还会产生以下两种效应：一种是出现"自我保护心理"，只愿听到表扬，抵制别人的批评。另一种是不加思考地对老师的话句句照办，缺乏创造性。

可见，避免表扬的负向效应不容忽视。这就要求我们在教育学生的过程中，不能只是一味地表扬、鼓励，还要重视表扬的质量。不但要掌握好表扬的"火候"和方式，还要重视跟进受表扬学生的心理反应及行为，尽量使"表扬"真正发挥其应有的教育功效，成为促进学生进步的有力措施。

(二)课堂的规矩可否少

俗话说，"没有规矩，不成方圆"。很多学校的课堂教学一直非常重视纪律问题，要求学生在课堂上要规规矩矩，按照教师预先的设想，一步一步完成既定的内容。"文德师者"却有不一样的追求：培养没有"规矩"的课堂。我们来看看那节"看图列式练习课"的故事。

课的开始，我呈现出小鸭在美丽的小河里游玩的情境，让学生自己说图意，并列式计算。一位学生突发奇想，说："老师，根据这幅图，我出个问题考考你，好吗？"我望着这个学生充满挑战的表情，说："行，你真棒，能想出问题考老师。"我马上请这位同学站出来，让他提出问题，然后我作答，再请全班同学对我的回答进行评价。

我的做法犹如一石激起千重浪，全班同学立即兴奋起来，纷纷举手要向我提问题。A 同学提出："河边原来有 6 只小鸭，游走了 2 只后，请问现在有几只呢？"B 同学又问道："河边的小鸭游走了 2 只后，还有 4 只在那里，你知道原来有几只吗？"C 同学看见举手几次老师都没有叫他，实在按捺不住了，自己站起来大声说："老师，我出一个我家里的问题考你，行吗？""当然行啦！"我马上应道。C 同学问道："我生日那天吃蛋糕，切成 8 块，我们吃了一些后还剩下 2 块，你知道我们吃了几块吗？"我听了后说："同学们，我们一起来解决 C 同学提出的这道问题，好吗？"接着大家就你一言我一句地说出了答案。

此时，大家更投入了，每个学生都蠢蠢欲动，纷纷举起小手要求回答。连一些平时很少举手发言的同学，也在这种情绪的带动下，积极地发言，学生学习的兴趣被提到最高点。于是，我说："同学们，你们想出的问题真多，我都回答不过来了。这样吧，你们在小组里，每人当一次小老师，提出数学问题，让其他同学回答，好吗？"学生又将学习的热情立即投入到小组活动中。

一个小小的插曲，使大家在轻松愉悦的气氛下完成了学习，积极主动地提出和解决生活中的一些数学问题，真正实现了师生角色对换。在这里，所谓没有"规矩"的课堂并不是指让学生在课堂上任意妄为，而是让学生在围绕本节课的数学知识的基础上展开想象，大胆发表自己的见解，打破以前由教师问学生答，完全按照教材的内容、教师的教学设计有条不紊进行的课堂教学模式。如此没有"规矩"的课堂，让学生真正成为了学习的主人。

(三)我们的英语不"哑巴"

"哑巴英语"是英语教学的痼疾。要改变这种现状，英语教学就必须注意"应用"与"实用"，教学活动就必须满足学生的需要，教材内容就必须与学生生活紧密联系起来。"文德师者"拒绝"哑巴英语"，讲究活动的设计，注重调动起学生的学习兴趣，使他们的英语学习充满浓郁的生活气息。

英语课

广州版英语教材第三册中，有一课是"Occupation"。这一课的教学内容是，学会使用询问他人长大以后想要从事什么职业的句型，以及学会回答这个问题，并掌握几个有关职业的单词。

为了让学生能全情投入地学习这节课的内容，我们的英语老师在上课前先要求学生回家做一些准备。

例如："明天，我们准备学习一些职业，老师很想了解一下，学生们心里都想长大以后成为哪个岗位上的人，也想让同学之间猜猜对方想做什么？你们有兴趣吗？""同学们都有很远大的理想，你们先帮自己计划一下以后的职业，如果遇到不会说的单词，尽量用自己的方法去解决。比如可以上网或查阅资料，想好以后不要告诉别人，再发挥一下自己的想象力，用自己的动作把这个职业表达出来，也可以让小组的同学跟你合作，让其他小组同学猜猜你到底想做什么职业。"

有了这样的生活化问题的引发，"生活化英语"便生成在"文德师者"的课堂里。

第二天，我们开始上课了。首先，我先把几个主要的职业单词教给学生。出乎我意料，他们很快就能熟练地读出来，甚至平时学习有困难的学生都能脱口而出。原来，我昨天的话起了作用，学生回到家里都在计划自己的将来，把这些职业都念过了，因为他们要很自豪地告诉同学们自己想成为什么！于是，我进行下一环节的任务——让学生做动作表达自己的职业。我还没说完，学生们已经争先恐后地想要表演了，我叫了几位平时最调皮的学生，我想看看他们长大以后想做什么。

P1：Stop!（拿着枪对着前面的同学）

P2：停下不动，举起手。

然后，组里的同学就问全班："What's his job?"很快有同学大声地说："Policeman（警察）！"

P1很自豪地说："哈哈，猜对了，我长大后要当一名警察！"

他们表演得非常投入，因为这些都跟他们的生活有密切的联系。"老师，请我！……"他们不允许我停下来，因为他们要抓紧机会告诉其他同学他们想成为什么。我又请了几位同学，这次我请了几位平时很文静的学生，他们一改常态，非常大方地进行表演。

P1：（用纱布捆着自己，然后躺在地上。）

P2，P3：（拿着锤子"凿"地上躺着的同学）。

组里的同学齐声问："What are their jobs?"这时，教室里一片寂静，连我在内都猜不到他们想成为什么？有些学生在猜worker（工人），有的学生猜soldier（士兵），不过都错了。终于他们自己说出了答案："Archaeologist（考古学家）。"我听了以后觉得非常惊喜，几个四年级的小学生能够靠着自己的能力找到这个比较深的单词，而且发音准确，意思理解透彻。最重要的是他们已经把这个单词教给了全班同学，同时也告诉了同学自己想成为考古学家。

我感到心里有一股激动的热潮，看着自己的学生能够真正学到他们想学的东西，我感到无限的欣慰。最后，我问道："大家都有这么远大的志向，那么能够告诉我你们为什么会有这样的选择吗?"我想，这个问题也非常贴近同学们的生活。班上一位对自己非常有信心的女孩子站了起来："I want to be an astronaut when I grow up. Because I want to fly to the space like Yang Liwei!"（我长大以后想成为一名宇航员，因为我想像杨利伟那样飞入太空!）听到这里，我已经激动得说不出话了，这么远大的理想，这么伟大的志向，我想全都离不开平时生活的积累。

不错，学生就应该在生活中学习，学习如果跟生活脱节，那么学到的知识又怎能融入生活呢?上面的故事中，几位学生已经学会把自己的学习融入平时的生活，通过观察，他们留意到身边很多的事情，他们把英语的学习跟自己平时的生活联系起来，能做到边学习边实践，以用促学，学以致用。只要把学习交给学生，把学习融入生活，让学生的需求得到满足，为他们提供独立锻炼的机会，就能为学生的终身发展打下坚实的基础。

二、心育专研的深度

文德路小学历任校长及全校教职员工，无疑是众多践行学校改革创新、开展"静悄悄的革命"者中的佼佼者。

早在20世纪90年代初期，文德路小学就作为全国中小学整体改革专业委员会的实验基地，开展了以"发展健康心理，提升学生整体素质"为主题的学校教育整体改革，并在改革实践中构建了以学校为本位，以课程为中心，"全员参与，全面关爱，全程辅导"的心理健康教育模式。

此后，文德路小学在几任校长的带领下，继续在心理健康教育领域不断探索，使学校逐步成为越秀区乃至广州地区素质教育的一面旗帜，成为广州学校心理健康教育的一张亮丽名片。

2003—2008 年：团体心理辅导的理论、应用与推广。

2009—2013 年：全国教育科学"十一五"规划课题"小学生学业情绪干预策略研究"。

2013—2016 年：广东省"十二五"规划课题"积极心理学视野下的班级文化建设"、基于现代信息技术的师生心理健康服务系统的构建。

确立一种核心教育理念，并以其为引领，将教育追求化为全体教师的共识，是教育科研必须承担的一项要务。文德路小学正是这么做的。

2010 年，文德路小学敏锐地把握到教育心理学从重认知的研究转向重情意研究这一趋势，设计了"小学生学业情绪干预策略研究"这一课题，并成功立项为全国教育科学"十一五"规划课题，延续了学校依托科研推动教育创新的传统，把学校的科研工作推向了一个新的台阶。以此课题为基础，学校对多年来在教育创新特别是心理健康教育实践探索中取得的成果进行了整合及运用。

专家讲座

围绕小学生良好学业情绪培养、不良学业情绪干预这一目标，学校以理性情绪治疗、情绪智力、积极心理学和脑科学等理论为指导，依据学业情绪的内、外影响因素，通过课堂教学、主题班会、小团体辅导、个别辅导、家庭治疗等途径对小学生学业情绪进行干预。

学生学习动力缺乏（甚至厌学）、学校恐惧、考试焦虑等问题，是长期困扰广大小学教育工作者的难题，而学校引入小团体辅导、家庭治疗对小学生学业情绪进行综合干预的方式，为解决以上问题提供了新的思路。

教师首先保持积极的情绪、良好的心态，在情绪和心态上先来做一个好榜样。教师不要把不良情绪迁移于学生，而要以良好的情绪影响学生，以高尚的情操感染学生，以高尚的人格塑造学生，真正成为学生的楷模。教师用热爱学生的这份真情，来激发学生乐于学习的情感，使学生保持健康适宜的情绪去学习，形成最佳心境的良性循环。（廖素群）

学海无涯乐作舟，当代有许多教育家都提出这样一种教学理念。在知识快速更新换代的今天，人事竞争白热化的当下，如何让孩子在学习中拥有良好的情绪、乐观的心态就成为教师教育实践的一大热点话题。（陈秀茹）

教育科研唯有成为一种群体意识、群体行为，才具有真正的生命力，才能真正发挥其"兴师"与"兴校"的功能。

文德路小学利用每周业务学习时间以及科研例会时间，采取广泛学习和专题学习相结合的形式，开展教科研的校本培训活动，营造科研学习的良好氛围，丰富教师的科研理论知识，主要包括以下内容。

其一，精心安排专家引领。请专家组就课题研究所需的相关理论及课题研究的最新趋势进行专题讲座，并对课题组主持人进行培训。例如，华南师范大学李志厚教授的专题讲座"学生学业不良的成因分析与指导"；梁东标教授的专题讲座"引发被埋没的学习动机"；袁志芬老师的"课题研究成果表述"；华南师范大学刘学兰教授的专题讲座"教师的心理调适与压力管理""积极心理学理论及其在小学教育中的应用"；广州大学刘树谦教授的专题讲座"大梦先觉育文德"，等等。

其二，静心做好自我提升。"学而不思则罔，思而不学则殆"。只学习知识而不思考，就会囫囵吞枣，不辨真伪，也不能融会贯通，学以致用；只思考而不学习，就会孤陋寡闻，才疏学浅，不能做到博观约取。因此，学校认真编制学习资料（其中有理论总结，也有老师们在研究过程中撰写的优秀论文及教学设计），在组织老师学习之后，要求老师撰写学习感悟，进行自我提升。

其三，潜心组织学习交流。一方面，各课题组组长每月根据学习主题组织一次学习心得交流活动；另一方面，为了更好地开展课题研讨活动，充实老师们的理论基础，课题组为老师们购买书籍，并用校本培训时间举办读书分享交流会，分享讨论《第56号教室的奇迹》《拿什么调动学生：名师生态课堂的情绪管理》《今天怎样管学生：西方优秀教师的教育艺术》《幸福的方法》等。

文德路小学课题研究者在校外专家的引领、陪伴下，在研究中能静下心来学习，潜下心来思考，精心组织，持之以恒，扎实推进，从而成就了一个有效科研的活样板。研究因此也成为"教师心头温暖的回忆"。更为重要的是，这为广大教师创设了成长平台，提供了学习楷模，拓宽了教师成长的途径，倾力打造出一支师德高尚、专业素养强、团结协作、具有创新精神的教师队伍。他们选择了教师职业，也就是选择了一份责任。他们一直坚守这份理想和责任，不仅立足当前，更着眼长远，不仅脚踏实地，更仰望星空。他们敢于做梦，善于追梦，努力圆梦，在平和淡定的外表下，保持着一颗滚烫的教育之心，彰显出教育智慧。

此外，学校扎实做好科研常规工作，让教师"在游泳中学游泳"，实现对教师的导向与引领，又不失时机地为教师提供展示的舞台，使他们能够体验到教育的快乐。

第一，做好"顶层设计"。一是做细方案，定准目标、内容。二是确定研究思路，明确分工。例如，在进行"小学生学业情绪干预策略研究"

课题研究时，学校根据研究需要分设 4 个项目组，每个组都有详细研究思路及分工，包括总课题组（理论支持、分析因素、搭建平台），课堂教学干预组（确定目标、个人课题、课例推进、总结提炼），主题班队活动干预组（确定年段主题、设计系列主题班队活动），个案干预与家庭治疗组（选定个案、开展辅导、组织交流、形成成果：案例表现分析——辅导措施——辅导效果反思），小团体辅导干预组（设计方案、实施辅导、分析效果、完善方案）。

第二，扎实常规工作。一是计划，包括总课题计划（学校）、子课题计划（项目组）、个人研究计划（教师）。二是实施，包括学习交流会、课例研讨、个案研究分享会、学习小团体展示会、理性反思总结方法（及时撰写研究过程中的所思所想所得）。三是检查，尤其是课题研究阶段总结会（子课题汇报阶段研究成果）。四是收集资料，每学期教师上交的资料包括课题研究计划、培训资料、活动过程纪要、图片资料、论文、教学设计、案例、课题研究阶段小结。

每年，学校都举办科研工作总结会，以便及时总结研究成果，梳理研究问题，探讨解决办法。下面就是一次总结会的安排与简况：

表 3-2 2009 年上半年科研工作总结会时间表

程序	内容	时间	负责人
总结回顾	2009 年上半年科研工作开展情况	9：00—9：25	黄丽芳
精彩纷呈	德高为范，因材施教	9：30—10：10	个别辅导组
	让孩子变成爱学习的小天使	10：15—10：55	课堂教学组
	透过小团体辅导提升小学生学业情绪的实践研究	11：00—11：20	小团体辅导组
	在班队活动中提高学生学习的积极学业情绪	11：25—12：00	班队活动组
点拨提升	专家指导性意见	14：00 开始	专家组
	校长总结		郑校长

　　在阳光灿烂、凤凰花开的文德校园，学年度科研工作总结会悄然拉开了帷幕，与会专家有梁东标、周东苏。总结会中，黄丽芳副校长简单回顾了学校科研工作开展情况，重点介绍了市重点课题"小学生学业情绪干预策略研究"的进展情况。其后，4个子课题研究项目组：课堂教学组、个案辅导组、小团体辅导组和班队活动组，结合假期学习《第56号教室的奇迹》的学习体会和这一年的研究成果，或展现个案访谈，或创设游戏互动，或进行课堂模拟，或扮演情景小品等形式，围绕教学实践中关于学生学业情绪干预实例的讨论，点燃了大家的思想火花，让老师们进一步理解课题研究的内涵和意义，明确研究的方向。

　　本次科研总结活动，获得了教科所专家梁东标教授的高度评价，称其主题鲜明、内容充实、形式多样，并恳切地为课题的后续研究做了具体指导，为整体的研究奠定了方法论基础。

　　提升教师科研素质是学校开展课题研究的意义所在，不断提升教师科研素养也是保证课题研究品质的有效措施。多年来，文德路小学开展心理健康教育研究，取得了丰硕的成果。例如，"营造'文润德泽文化场'，建设'学研型'学校'获得广州市第八届教育教学成果一等奖；"团体心理辅导的理论研究与应用推广"的成果荣获区科技创新三等奖；"人本、优质、创新"荣获区教学成果三等奖；"小学生学业情绪干预策略研究"荣获越秀区首届教育教学成果一等奖。

　　在课题研究过程中，学校定期举办科研讲座、校内课题研讨活动，组织课题研讨课，制定学校科研激励制度等措施，不断提升教师的科研水平，引导教师自觉实现从传统的经验型教师向创新的科研型教师转化。单在"小学生学业情绪干预策略研究"课题研究过程中，课题组教师就撰写出了一大批学术论文、个案辅导报告、教育叙事和教学设计。其中，有6篇文章在省级刊物发表（可参见表3-3），另有多篇文章在各级各类评比中获得奖项。

表 3-3　文德路小学教师科研成果统计表

序号	作者	成果形式	成果名称	出版单位/发表刊物	刊物级别（CSSCI/核心）	出版时间/刊物期号
1	郑伟仪 危淑玲	专著	小学生学业情绪干预策略研究	长春出版社		2013 年 4 月
2	危淑玲	论文	小学生学业情绪及其干预策略	《当代教育科学》	核心	2013 年第 8 期
3	黄丽芳	论文	小学生学业情绪干预策略的初步探索	《教育导刊》	核心	2011 年第 12 期
4	钟绮敏	案例	试探小学生数学积极学业情绪的培养	《教育导刊》	CSSCI	2012 年第 12 期
5	曾颖红	论文	学业情绪小团体辅导干预实践探索	《中小学德育》	CSSCI	2012 年第 11 期
6	吴苑华	论文	小学语文学科积极学业情绪的内涵与培养	《广东教育》	CSSCI	2012 年第 12 期
7	蔡子欣	短论	爱，从微笑开始	《教育导刊》	CSSCI	2013 年第 2 期

三、课题结题的高度

2013 年 6 月 18 日上午，文德路小学申报立项的全国教育科学"十一五"规划课题"小学生学业情绪干预策略研究"课题举行结题会。出席会议的有华南师范大学郑航教授、广州大学聂衍刚教授、广东省教育厅督导室任洁研究员、广东第二师范学院吴惟粤教授等。

结题报告会的议程包括项目组成果汇报、推选专家组组长、主持人做结题报告、答辩环节、宣读成果鉴定意见、主持人回应等。

在"项目组成果汇报"环节，课堂教学组、班队活动组、个案辅导组、小团体辅导组分别在分会场进行了成果汇报，并进行了丰富的课例展示。其中，语文、数学、英语、科学、音乐、美术、体育各展示了一节课例；班会课展示了两节，分别以"分数是否等于成长"及"多彩的情绪"为主题。另外，课题组还特别展示了小团体辅导和个别辅导的活动现场。课堂及辅导现场呈现出的人文关怀、情绪干预策略，给与会者留下了深刻的印象，不少参会的代表纷纷感慨：文德路小学的孩子太幸福了！文德路小学不愧是心理健康教育品牌学校！

结题会

结题会主体部分由广东省教育厅科研处科长黄黎露和华南师范大学教授郑航主持，课题主持人郑伟仪校长及项目组负责人宋丽峰、汤婉峰、余艳华、曾颖红，从课题研究缘起、文献综述、研究设计、研究过程、研究成效、经验反思六方面进行了详尽而又精辟的阐述，得到与会专家领导的高度赞扬。专家们一致认为，该课题运用文献研究法、问卷调查法、行动研究法，对小学生学业情绪现状、发展特点及小学生学业情绪干预策略进行了研究。通过对小学生学业情绪的干预研究，小学生的学业情绪更为积极，教师科研水平进一步提升，学校教育特色进一步彰显，初步构建了学业情绪干预策略和活动方案。课题研究能从多角度探讨学业情绪，有专业性，更有针对性，取得了具有较好应用价值的成果，对于更深入探讨小学生学业情绪具有启发意义，课题的完成质量很高。

最后，危淑玲副局长代表课题组感谢各高校、上级主管部门、课题组专家顾问及全体成员的辛勤付出，张远木调研员代表越秀区教育局感谢与会的专家领导，充分肯定了文德路小学教育科研工作的水平与实力，是一所示范一方、影响全国的名校，肯定学校课题研究工作做到了"静心、精心、潜心、恒心、开心"，值得宣传推广。广州市教育局科研处谷忠鹏处长为文德路小学课题组成员的精气神所感动，充分肯定了学校科研引领的办学特色，并提出了殷切希望，希望文德路小学能成为市教育科研基地，创建教师专业团队。

结题会后，学校收集了与会同行听众的反馈意见。大家一致认为，这一研究课题在总结相关理论研究的基础上，总结了小学生学业情绪发展特点，围绕小学生学业情绪培养、不良学业情绪干预目标，探索出了一套行之有效的干预策略：通过开展课前一分钟情绪调节活动、优化课堂教学、设计并实施相关主题班队活动，培养学生积极学业情绪；通过对部分有不良学业情绪的学生开展个别辅导、家庭辅导和小团体辅导，使学生学业情绪发生改变。这一课题研究对同类学校学生学业情绪的改善，有一定的理论与实践指导意义。

一位校长在文德路小学赠阅的学校课题专著《小学生学业情绪干预策略研究》的扉页上，向自己学校的老师们推介道："亲爱的老师们：近日参加越秀区文德路小学课题结题会，偶得此书，特推荐给老师们传阅分享。希望老师们在阅读学习中，用科学的方法，创造性地开展班主任工作，了解学生情绪，抓住学生心灵，进而提高学生学业水平。也许我们做学生的时候选修过教育心理学，不过那些知识可能已从记忆中消逝，希望此书能给大家一个启迪，促进我们的教育教学。'学无止境，教学相长'，我们要用教师的心灵赢得学生的心灵。"

第四章

"文德"施策

古榕树下，那片阳光，洒满了皂荚的枝蕊，
升旗台上，那团火红，辉映着纯真的童年。
清晨的露珠在草尖上滚动，
清甜的书声在校园中琅琅。
年少时光是一首灵动隽永的小诗，
在笔墨淡香间婉转轻扬；
荡漾的童心是一流清澈奔跃的溪水，
在菁菁校园里纵情流淌……

我爱学校的清晨，我爱校园的书声琅琅。
我爱每周一的升旗礼，我爱每一个课堂。
我们就像一棵棵新芽，
孕育着生机，充盈着活力，
在甘露的滋润下破土，
在艰辛的探索中吐绿，
在期许的目光中含苞，
在阳光的哺育下绽放！

文德足印，如诗如画。
番禺学宫开笔，万木草堂启篇，
踏着自己的节奏，彰显各自的风华，
在文润德泽的前进中，我渐渐长大。
妙趣横生的化妆晚会，多姿多彩的读书活动，
别开生面的体育花会，异域风情的外语文化节，
精彩纷呈的音乐会，想象无边的科技节……
文德的学苑时光，
滋润了我们的心灵，
启迪了我们的智慧，
健美了我们的体魄！
在这灿烂的阳光下，我们挥洒汗水，
在这文德芬芳的校园，我们享受着温润的金色童年……①

_____

① 《青青校园，心路芬芳》，作者宋丽峰，文德路小学。

第一节　文德兼修的课程智慧

一、文德兼修的课程

开发有特色的校本课程，是发展和完善学校课程体系，实现学校培养目标，凸显学校办学特色的重要举措。在课程结构和设置上，文德路小学以新课程理念框架为基础，大力开发校本课程，孜孜不倦地追求自己的课程特色，锲而不舍地铸造自己的品牌课程。以"整合、拓展、个性"为课程理念，丰富课程的多元选择，遵循课内与课外相结合、普及与提高相结合、培养兴趣与提升素养相结合的原则，文德路小学构建了"文德兼修，全面发展"的校本课程体系(见表 4-1)。

表 4-1　文德路小学校本课程体系

课程		语言与阅读		思维与科技	艺术与审美	公民与健康		
必修课	学科拓展类	经典诵读（1~6年级）英语电影课（2年级）英语阅读（3~5年级）		棋类（1、2年级）	书法与欣赏（3~6年级）	礼仪时事论坛	特色操民族舞街舞	心理健康团康活动
	主题活动类	活动类	书香校园（4月）外语文化节（12月）	数学活动周科技创新节	新春音乐会（3月）	班级文化展示快乐体育节		
		典礼类	开笔礼　毕业班感恩课　毕业典礼　开学典礼					
		文德大讲堂	文学　科学　音乐　历史　地理　健康					
选修课		合唱、街舞、无线电测向、戏剧、篮球、烹饪、武术、剪纸、迷你高尔夫等57门						

(一)特色鲜明的心理健康教育课程

心理健康教育课程是文德路小学课程品牌的一个闪亮的标志。针对学生的心理特点，围绕德育工作的要求，文德路小学的德育教育以心理健康教育作为切入点，开展了一系列的实践活动和实验研究，构建了由心理辅导教师、班主任、各学科教师组成的工作网络，创建了心理辅导、沟通疏导、行为指导的思想品德教育和心理辅导相结合的方法。通过家庭教育辅导、沙盘游戏辅导、抗逆小团体活动、团体心理辅导等形式多样的活动，学校把心育与德育融成一体，构建了全方位的心理健康教育模式，取得了丰硕的成果，铸造了心理健康教育品牌。

1994年，学校制定了"发展健康心理，全面提高学生整体素质"的实验方案，并经过多年的实践，构建出"全员参与，全面关爱，全程辅导"的学校心理健康教育模式。而且文德路小学于2002年成为教育部团体心理辅导实验学校，于2006年成为广东省心理健康教育示范学校。

在已有成果基础上，我们大胆引进国际先进教育理念，尝试用游戏的形式进行心理辅导和心理教育，把心理健康教育、心理咨询、家庭辅导、团体辅导、沙盘游戏、心理剧场、感统训练、学习困难训练融入常规教育教学之中。

在二十多年的探索中，跟随世界心理学的最新走向，从重认知到重情感，从重干预到重激发自我意识，我们提出了六种积极人格的培养目标，分别是正义、智慧、卓越、自律、勇气、爱心，并通过学校一系列的课堂教学、班级管理以及学校活动，培养具有积极人格的文德少年。

(二)深化延伸的学科拓展课程

地处广府文化中心，文德学脉传承生息，造就了文德路小学的深厚传统和丰富底蕴。基于"广府文化发源地"的传统文化优势，学校开设经典诵读等国学文化课程；充分发挥文德路书画街的资源优势，学校开设棋类、书法、国画等书画艺术课程；根据学校原是孔子庙(儒家文化)、临近万木草堂的优势，学校开设孝道、感恩、礼仪等传统美德课程。

肖宇勇副校长应越秀区政府邀请，组织学生参加新春送"福"活动

(三)丰富多彩的主题文化活动课程

每年草长莺飞、鲜花竞艳的三月，文德路小学校园里就会乐韵悠扬。新春音乐会吸引了大批参赛选手。孩子们自荐报名，从班级音乐会到专题音乐会，再到学校音乐会，孩子们有了展示自我风采、树立自信形象的平台，得以体验美、享受美，徜徉在高雅的艺术殿堂，让音乐为自己插上飞翔的翅膀。

每年4月，文德路小学的各年级围绕不同主题举行年级读书系列活动。"历史的天空""诗意童年"等主题读书活动为孩子们打开了广阔的阅读视野；毕业生赠书母校，寓意书香致远，薪火相传。

每年6月，文德路小学启动"科普创新教育工程"，面向全体学生开设"文德大讲堂"，邀请博士、院士到学校担任客座讲师，宣传科普知识。科普知识竞赛、无线电测向、四驱车比赛、科学小论文撰写、小发明制作……这些活动激发了孩子们对科学的兴趣，彰显了作为现代人所具备的创新精神。

每年12月，文德路小学的外语文化艺术节精彩纷呈，包括英语卡拉OK比赛、英语诗朗诵、英语话剧、世界各国文化展示、迎新年英语party等活动，拓宽了孩子们英语学习的渠道，激发了孩子们英语学习的兴趣。富有特色的英语工程成为文德路小学又一张亮丽的名片。

此外，深受学生喜爱的"魅力数学，智慧文德"数学活动周、数学动漫故事、玩转数学游戏、趣味数学手抄报比赛等活动，也是精彩纷呈。

（四）童味盎然的自主选修兴趣课程

每逢周二下午，文德路小学的学生就开始在校园里"玩"转兴趣课。一年级的学生到学校隔壁的中山图书馆少儿部开展阅读活动，他们有的在静静地读书，有的利用电子图书进行学习探究，还有的在听图书馆组织的读书分享会。

队员们听得津津有味

二到六年级的学生自主选择参与兴趣课活动，学校开设了合唱、街舞、无线电测向、戏剧、篮球、烹饪、武术、剪纸、迷你高尔夫等57门兴趣课，这些兴趣活动都是老师根据自身所长及学生兴趣开设的，以主题式、探究式、实践式、体验式的方式进行，让学生"玩"出名堂、"玩"出兴趣。从中，学生选择自己感兴趣的课程进行学习，既拓宽了学习的途径，尝试如何进行综合性实践学习活动，又拓展了视野，提升了与人交往的能力。小小的课程，为学生呈现出一片广阔的大天地。

这么多的活动，会不会影响学习呢？

校长陆蓓认为，不应该把学习仅局限在课本知识上，学习成果和效果也不应只用分数去衡量。课外活动也是一种学习，建立知识与生活情景的联系，创设基于情境与任务的学习更能调动每个学生求知的兴趣和激情。例如，开展班歌比赛也是一次跨学科的学习，孩子们需要学习挑服装、选音乐、踩准节奏、演出配合等。文德学生的成绩在区里一直都是名列前茅，但相比于成绩，学校更注重培养学生学科素质的提升，问题解决能力的锻炼和自我情绪的管理。

二、文德并得的教学

(一)一个课例

2014 年 5 月 28 日，一个初夏的早晨，杭州的骨干教师们走进了文德路小学司徒瑜老师的课堂，司徒老师正在执教《石灰吟》一课。

在老师的引导下，孩子们品味着"清白"在舌尖、在词语、在于谦一生、在文脉传承中的滋味。

师："清白"是石灰的特点，石灰的炼制经过了哪几个阶段？请你们默读诗歌，在诗句中划出相关词语，再用自己的话概括一下。

生：我画出的词语有"千锤万凿""烈火焚烧""粉骨碎身"。石灰的炼制，用我们现在的话说，就是先开采，再煅烧，然后就成了"清白"的石灰了。

师：你找得准确，概括也很正确。咱们再一起读读这三个四字词语，你们体会到了"清白"的什么滋味？

生：我体会到了"辛酸"的滋味。

师：你从哪个词语体会到这层滋味的？

生：我从"千锤万凿"这个词语体会到的。石灰要从深山中经过千锤万凿才能开采出来，再经过炼制，才能变成对我们有用的石灰。这让我体会到它经历的痛苦和辛酸。

师：好！请你读一读这句诗，要读出辛酸的感受。

生：(读诗)

师：谢谢你让我听到了辛酸的感觉。还有谁体会到其他的滋味？

生：我感受到了艰苦，这是一种苦味儿。

师：为什么有苦味儿？

生：因为承受"千锤万凿""烈火焚烧""粉骨碎身"都是很艰苦的事，石灰的经历是很苦的。

师：的确很艰苦，请你调调这三个词的滋味，读出这种艰苦的感觉。

生：我品到了默默奉献的神圣感。

师：你读吧！

生：我品到了傲然的滋味！

师：好！请你读出来！

师：我们不再多说，把这些滋味放在心中。再一次朗读，读出你心中的感受吧！

司徒老师的引导让学生们在品词中感悟了"清白"的内涵。接下来，司徒老师又通过展示于谦四个时期的经历，通过于谦的一生品读"于谦之清白"。最后，司徒老师又通过各经典中的名句，引导学生品一品中华民族的"文脉之清白"：从陆游的《卜算子·咏梅》到周敦颐的《爱莲说》，从《离骚》和《论语》再拓展到郑燮的《竹石》，同时引导学生进行反思，品读自己的内心，以诗言志。

对于这节课，杭州老师们的评价是：

"司徒老师的课堂是品文，品人，品人生；我们是品课，品诗，品学生。"

"这节课传达了读书的滋味，传承了文化的血脉，达到了文道完美统一的境界！"

是的，文德路小学的教学就是追求这样的意境，追求文与德的统一、文与德的融合。

(二)我们的教学模式

下图是文德路小学的教学模式架构图：

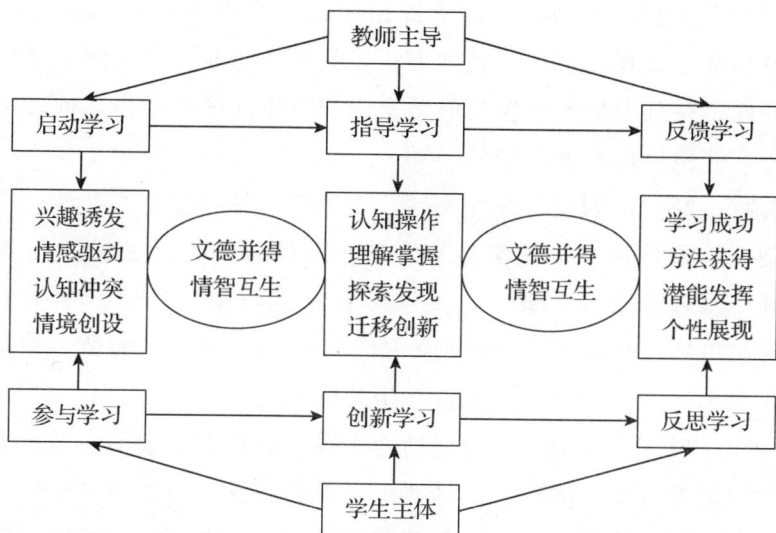

这幅图到底是什么意思呢？

文德路小学的课堂，是以教师为主导的课堂，教师成为"启动学习、指导学习和反馈学习"的主导；文德路小学的课堂，是以学生为主体的课堂，学生因"参与学习、创新学习和反思学习"而成为主体。

在这样的课堂里，教师和学生首先以"兴趣诱发、情感驱动、认知冲突和情境创设"方式进行教与学的活动，其次以"认知操作、理解掌握、探索发现和迁移创新"方式进行教与学的活动，最后以"学习成功、方法获得、潜能发挥和个性展现"方式进行教与学的活动。整个课堂学习的过程，都洋溢着"文德并得，情智互生"的魅力。

这个教学模式有用吗？

用好这个教学模式，我们的做法是抓住"四个尊重、四个问题、两个创新、两个操作"。

"四个尊重"：尊重学生的主体人格，尊重学生的质疑问难，尊重学生的发散思维，尊重学生的操作实践。这样，就能为学生提供自主参与、充满自信、合作互动的心理环境。

"四个问题"：激励学生敢于提出问题，给学生提问题的时间和空间，教会学生发现和提出问题的方法，教师适时和妥善地解答学生的问题。这样，有利于培养学生的问题意识和提出问题的能力，促使学生认真思考，并引发创新的欲望和冲动。

"两个创新"：创设认知冲突性、奇趣性、悬念性、填补性、情感性和成功性等多种情境，使学生从情感、思维和行为上主动参与学习活动；开展求新、求异、聚合、发散等创新学习活动，培养学生形象思维、抽象思维、分析和综合思维的能力；综合发展学生的智力和非智力因素，变单一的认知过程为情智互生的过程。

"两个操作"：以创新学习活动为主线，鼓励学生主动参与、主动探索、主动思考、主动操作、主动评价，兼容启发学习、尝试学习、发现学习和研究学习等学习方式，引导学生在操作实践中求创新、促发展；创造性应用现代教育技术进行教学，协调好教学活动中各个要素的关系，实现教学过程的整体优化，获取教学的高质量、高效率和高效益。

那么，这样的教学应该怎么评价呢？

文德路小学的课堂教学评价体系（见表 4-2）对学生的学习评价以激励为主，教师尽力为学生铺设学习成功的阶梯，提供学习成功和探索创新的机会，保护学生的自尊心和自信心，引导学生自评和互评，发展学生自我评价学习和自我调控学习的能力。

表 4-2　文德路小学的课堂评价体系

一级指标	二级指标	评价等级			
		优	良	中	差
启动学习 20%	1. 目标全面，体现创新学习要求				
	2. 激发动机，学生主动参与学习				
指导学习 60%	1. 主动学习，自主建构知识意义				
	2. 鼓励提问，引导探究析疑解惑				

续表

一级指标	二级指标	评价等级			
		优	良	中	差
指导学习60%	3. 动手操作,在实践中迁移知识				
	4. 发散求异,展现自我创新才能				
	5. 合作互动,合理配置班组教学				
	6. 组合媒体,化解学习重点难点				
反馈学习20%	1. 尊重学生,宽容欣赏赞许学生				
	2. 及时反馈,人人体验成功欢乐				

说明:

(1)评价的权重通常以指标在教学活动中的价值来判定,发挥评价的导向功能,学校管理者可以根据教学改革的重点或学校教学的薄弱环节,增大某些指标的权重,以引起教师的重视,使在这方面有所突破。

(2)使用本量表,可先对亚指标做定性的评价,分为优、良、中、差四个等级,再按给出各个指标的权重,做出定量评价,然后计出总分,转为对课堂的等级评价。按惯例,86~100分为优,70~85为良,60~69为中(合格),59分以下为差(不合格)。

专项评价:

每个老师用的都是这个模式吗?

这是个基本式,文德路小学每个老师都用它,并以此为基础,创造这个教学模式的变式。例如,数学科开展"课堂即时评价研究",英语科开展"争当文德小小外交家"的探索,艺术科开展"艺术作品档案袋"的尝试,等等,用的就是这一模式不同的变式进行教学。

这样,文德路小学"文德并得"的教学模式,就包括学校层面的教学模式(基本式)、学科层面的教学模式(变式)、教师个人层面的教学模式(变式)等。

(三)用积极的情绪学数学

在大部分学生心中,数学是枯燥无味的,一提起背公式、定理、性质就烦,甚至有人会产生恐惧心理。不过,文德路小学的孩子却对数学学习兴致很高,因为在课堂教学中,老师注重培养学生的积极学业情绪。

教"比"的基本性质时,关于如何激发学生的积极学习情绪,任课老师有下面的看法。

在课堂上,我们要注意激发学生的成就动机,提升学生学习动力,培养他们良好的学业情绪。首先,我们要帮助学生明确他们所追求的目标,而这些目标应该是具体的,并且是学生经过努力能达到的。

在这节课的教学中,在学生猜想出结论时,我向学生提出新的目标:能证明你们的猜想是成立的吗?要证明一个数学性质是成立的,这可不是件易事。学生跃跃欲试,以表现其才能,产生成就动机。但对学生来说,要表达清晰是不容易的。为了降低难度,在活动前,我先让学生明确活动目标,明晰活动要求,并出示同桌合作要求:①共同写出一个比,并求出比值;②按结论对比的前项和后项进行转化,并求出比值;③比较两个比,得出结论。

这一做法,让学生"跳一跳"就能摘到果子,尝到成功的喜悦,获得心理满足。但是,这种满足也可能使他们停滞不前。所以,在赞扬他们已有成就的同时,要帮助他们树立进一步追求的目标:只有一个例子能说明问题吗?

由此,我引出从一个例子到几个例子到几十个例子的特殊性,再到用字母表示(代数法)其一般性,让学生将成功的满足感转化为成长的动力,进而迈上更高的台阶。

三、文德互美的活动

作为以素质教育闻名的学校,文德路小学秉承"文润德泽"的办学理念，积极开展各种"文德互美"的活动，让孩子们从中发现"美"，认识"美"，创造"美"，享受由衷的快乐。

（一）音乐的魔力

2015年3月30日，早晨，文德路小学南校区的小礼堂传来一阵阵热烈的掌声。原来，二年级小朋友的"春之色"同学音乐会正在这里举行。

音乐会后，大家还沉浸在刚才精彩的演出中，办公室里的老师也开始了讨论，大家的注意力都集中在二年级二班的一个小男生身上。他叫黄骏玮，在这次的音乐会上表演了钢琴独奏《童年的回忆》。为什么大家对黄骏玮的节目有这么大反响？因为小骏玮是个很活泼甚至有点捣蛋的小淘气，有时会来个让老师头疼的恶作剧。就是这样一个小淘气，在今天的音乐会上，让老师和同学们大吃一惊。

新春音乐会（管乐队）

音乐会上，只见小骏玮身穿黑色燕尾服，沉着地走上舞台向台下鞠躬行礼，像一个小小的绅士。演奏时，他的小身板挺得很直，演奏如行云流水，大家都沉醉在他优美的琴声中了。整场音乐会，骏玮都是彬彬有礼的，并且沉着冷静。大家就是被他这样与平时不同的表现吸引住了。

老师们都打趣说，怎么今天我们的小淘气变成小绅士了？班主任邢老师也很奇怪，骏玮平时是一个思维很发散的孩子，他的小脑瓜里充满了奇思妙想，为什么今天能如此沉静？

邢老师在骏玮妈妈那里找到了答案。原来骏玮在课下很喜欢弹钢琴，父母没有给他买钢琴时，他每天早上都会早早去琴房练琴。有了自己的钢琴后，骏玮更是每天晚上都要在钢琴前练习很久。日积月累的刻苦练习使骏玮弹得越来越好，他在音乐中得到了真正的乐趣，而不是在外力的驱使下被迫弹琴。正是源于这份内心的快乐，骏玮积极参加了学校的新春音乐会。

这天，骏玮在日记中写道："当二年级新春音乐会轮到我上台时，我很担心自己弹得不好。但是当我的手指弹到第五个音的时候，心就渐渐平静了下来。弹到中间，手就完全放松了。"

其实，在音乐节华丽"变身"的不止小骏玮。每年3月，"文德新春音乐会"都会如期而至。为期一个月的新春音乐会，让文德校园沉浸在音乐声和欢呼声中。全校36个班，会举办36场音乐会，2个专场音乐会，所有学生都有机会在老师、同学、家长面前一展风采。

为了新春音乐会，孩子们常常在寒假就开始秘密练兵，积极筹备。为配合音乐会，美术科的老师利用美术课教孩子设计海报、邀请函，让每一个孩子都能为音乐会发挥自己的才华，他们对音乐真挚的追求打动着所有人的心！

4月2日，"时间的音阶——2015文德路小学新春音乐会"在东方文德广场综合展厅奏响春之乐章。首先登场的，是文德路小学合唱队。该队是广州市唯一的合唱节"十三连冠"的小学冠军队伍，自2008年参加世界合唱节，也是屡获金奖、银奖，2012年还获得全国中小学生第四届艺术展演金奖。合唱团的孩子们用天籁般的歌声拉开了音乐会的序幕。接着层层筛选出来的18个节目，以一种高雅的音乐会形式被呈现出来：钢琴的细腻柔美，小提琴的委婉典雅，琵琶、古筝、扬琴、巴乌、葫芦丝民乐的古韵悠扬，架子鼓的活泼灵动……在场的观众听得如痴如醉。

这次音乐会上，主持人回顾了三年音乐会的历程，向观众们介绍了一位音乐家。整场音乐会向观众们传递出了音乐的魅力，让学生对音乐产生了共鸣。

在这场音乐盛宴中，台上的学生展示了自己的风采，台下的学生感受到了音乐之美，懂得了欣赏与聆听。到会的家长和嘉宾由衷地赞誉："这是一场高雅的音乐会，不但有高雅的音乐，还有高雅的观众!"

(二)外语的欢腾

2014 年 12 月 31 日上午，文德路小学鼓乐喧天，全校师生载歌载舞，一片欢腾。亚洲、非洲、欧洲、大洋洲、南美洲、北美洲的 36 个国家的国旗在操场挥舞；各国的传统服饰由孩子们轮番上台倾情展示；各个年级的外语歌曲大合唱伴随着师生们的欢声笑语此起彼伏；具有异国风情的游园游戏吸引着孩子们不停穿梭……为期一个月的第二届文德路小学外语文化节在这天落下帷幕。

外语文化节

12月，文德路小学全体师生，参加了由英语科组织策划的各项外语文化活动，包括班级文化建设，外语歌曲、故事、话剧、电影现场配音海选，游园游戏设计等。经过公开抽签，全校六个年级分别开展了对六大洲国家的服饰文化和国家概况研究，从而了解认识了各国服饰的发展及特点，并以手抄报和手工制作的形式对课室环境氛围进行了主题布置。

活动得到了家长的大力支持，在让孩子最大限度地参与个人能力锻炼的前提下，家长给予了适当的协助，发挥出家校合作的优越性和高效性。

于是，孩子们不但布置出充满异国风情的课室环境，更在活动中得到了很好的锻炼。除了研究本班所负责国家的服饰文化以外，孩子们还可以自由地到其他班级参观，感受来自不同国度的异域风情。

而通过海选出来的优秀节目，在老师的精心指导下，成功地搬上了闭幕式的舞台。当天，参与活动组织的家长义工，纷纷表示非常支持学校组织这样既有现实意义，又能让孩子们的能力得到锻炼的活动。

在这样的节日，每个孩子都是主角。请听他们的声音：

每年，文德路小学都会举办校园外语文化艺术节，同学们踊跃参加。那天，老师让我代表班级介绍蒙古国的服饰文化时，我好激动，也好紧张。因为这样一来，我就可以像很多我羡慕的小朋友一样，站在舞台上表现自己了，但是我又担心自己出错……外语文化节结束后，我很开心，也有一点失落。美好的时光总是过得那么快，真盼望下次校园活动早点到来！

从决定、排练、海选到演出，一系列的过程，每一个环节都让我十分享受。修改剧本，准备材料，每一件事都可能影响到最终的表演效果。反复排练，认真斟酌，体会着人物角色的心情感受，我也在表演过程中体会着人生的"酸甜苦辣"：海选时被闪粉撒到脸，那是酸；被老师表扬，那是甜……正所谓，人生要有"酸甜苦辣"，有各种风雨，才算是完整的人生。而人也只有不断地经历风雨，体验人生百态，才算是一个默默快乐的人。

第二节 润泽有为的家校共荣

一、家校携手的情致

教育的成功，取决于家庭、学校与社会的三方合力。学校与家庭教育的联系，必然会促进教育的有效发展。在对孩子的教育中，需要的不是学校与家庭的简单联系，而是彼此共同学习、共同探讨、共同协作、共同分享。学校和家庭应在学习中改进观念，在探讨中寻求方法，在协作中赢得资源，在分享中品味成果。家长需要学校，学校需要家长，家校合作让教育走向成功。

在家校合作中，转变家长的教育观念，使之形成正确的观念并与学校教育保持一致是首要的任务。

文德路小学的家长在学校有自己的岗位，他们不仅仅是家长，还可能是学校开放日中学生作业习惯的评委，可能是学校运动会上的亲子项目选手，可能是学校文艺会演的观众，可能是文德家长讲堂的讲师……

(一)文德家长课堂：拓宽学习空间

在文德路小学有这样一堂课——家长课堂。家长课堂由家长自主报

文德家长课堂

名授课，没有课本却往往能够深深吸引孩子的目光。听众在课堂中时而争论不休，时而默默思考，时而动手实践。这样的课堂每个学期大概有2～4次，家长导师带领学生走出课本，探索生活中的世界，开阔孩子的视野。

上课后，家长导师颇有感触：

一堂精彩的励志课，孩子们都深受鼓舞。在课堂上，台湾顽强的知名画家谢坤山——一个身残志不残，没有双手却依然创造了奇迹的著名画家——的动人事迹深入浅出地教育了孩子们"心有多宽，世界就有多大"的深刻道理，并且引导孩子们从小就要拥有爱、感恩、宽恕、勇气、祝福等优良品质。课堂上老师让孩子们当堂写下了自己的优点和梦想，鼓励学生把"成功五把金钥匙"的口诀背熟。

这生动的一课让孩子们从繁重、枯燥的学习中蜕变出来，思维得到了升华，心量得到了增容，心灵更加轻松和舒展，更有动力和信心面对人生路上的各种困难和挫折。

——六年级(2)班饶思韵的妈妈

在美丽的文德路小学校园周围，康有为、梁启超、孙中山、毛泽东、周恩来等伟人都在这里洒下了热血与青春，留下了串串足迹，并且这些都与"文德学子"有着密切的关系。万木草堂、农讲所，入学新生的开笔礼就在这里举行；与校同名的文德楼，周恩来与邓颖超在这里谱写了爱情与奋斗的曲谱……所有这些，都散发着历史的醇香，等待着小朋友们去探访。

在金秋时节，我非常高兴能走进文德路小学的课堂，与三年级(1)班的孩子们分享这些革命的痕迹。打开那些老照片，让我惊喜的是同学们能一一认出那些人物和地点。短暂的分享时光仅能打开广州革命历史的一扇小窗，但我相信，"文德学子"必将能续写广州历史的辉煌。

——五年级(1)班刘水若的家长

(二)文德家长心经：交流养娃经验

文德路小学校刊上，每一期有一个专门的版面让家长交流养娃经验。近年来，我们做过几个比较有意思的话题，如男儿当自强、"富养"女儿、培养自信的孩子等。

对于如何培养"阳光男孩"，文德路小学毕业生温景翀的家长刘素群说："第一，拥有强壮的体魄。第二，拥有健康的心理。第三，自信坚强，胸襟开阔。第四，有责任感，肯担当。"

对于如何"富养"女孩，文德路小学六年级(5)班汪子淇的爸爸认为，所谓女孩富养，真义是从小要培养她的气质，开阔她的视野，增强她的阅世能力，增加她的见识。所以，他们一家在子淇很小的时候，就开始培养她的独立性及自理能力，带她去不同的城市体验不同的人文地理，在游戏、旅游哪怕是在逛街的过程中，也会循序渐进给她讲解一些知识和道理。同时，只要是她自己愿意，家人就会尽力提供给她不同方面爱好、特长的专业培养。这样一个教育过程，其实也是家长与子女共同成长的过程。

对于如何培养自信、阳光、正能量的孩子，家长们有自己的看法，更有自己的做法。

在孩子成长的过程中，我总会对她取得的成绩报以微笑，给予赞许。当她面临失败和挫折时，我总会告诉她没关系，妈妈支持你，妈妈和你在一起，继续努力，你能做得更好。自信不单单在于一次次成功的积累，更在于面对挫折越挫越勇的心态。

在家里，我们会更多地关注孩子人格的培养、素质的提升。我们要求孩子正直善良、诚实守信、好学上进、乐于奉献和懂得感恩。在她的成长过程中，我们始终以鼓励、欣赏、肯定的方式，和孩子一起分享她的点滴进步和成功，不管是在学校学习，还是课外学习，包括阅读、学琴、学画等方面微小的进步。我们更愿意与她一起面对她那小小世界里的困惑与挫折，帮助与引导她从容面对一切。

在这几年教育女儿的过程中，我体察到：孩子需要受重视，需要安全感，需要被接纳，需要爱和被爱，需要被欣赏，需要受管教。更重要的是，孩子需要好的信仰和正确的理念成为他们的正能量。尤其是当她做错事或遇到困惑的时候，我们会心平气和地和她一起分析，走进她的内心，了解她真正的想法，引导她认识到哪些地方处理不当，以后面对这样的问题应该如何做。

二、文德家书的曼妙

> 门前老树长新芽，
> 院里枯木又开花。
> 半生存了好多话，
> 藏进了满头白发。
> 记忆中的小脚丫，
> 肉嘟嘟的小嘴巴，
> 一生把爱交给他，
> 只为那一声爸妈。
> 时间都去哪了？
> 还没好好感受年轻就老了。
> 生儿养女一辈子，
> 满脑子都是孩子哭了笑了。
> 时间都去哪了？
> 还没好好看看你眼睛就花了。
> 柴米油盐半辈子，
> 转眼就只剩下满脸的皱纹了。
> ……

毕业班感恩课上，在感恩父母的环节，随着《时间都去哪了》的歌声，孩子们打开家长事先写下的家书，默默地读着，细细地想着，眼泪渐渐浸润了眼眶。他们或泣不成声，或沉默不语，或掩面痛哭……这一刻，在座的每一个孩子都感受到了家书带给他们的震撼，家书带给他们的思考。

"文德家书"

"烽火连三月，家书抵万金。"家书是古往今来人们交流信息的主要工具，集文学、史学、美学、书法、礼仪等元素于一体，承载着十分厚重的历史和文化信息。

时至今日，在电子通讯发达的今天，书写家书对于含蓄的国人来说，更显得珍贵。每年，文德路小学的毕业感恩课上都有一个环节——感恩父母。这一刻，没有了平日的絮絮叨叨或严肃神情，一封封家书承载着父母对孩子的关爱、回首、期盼……

忙忙碌碌，絮絮叨叨的十二年，弹指一挥间。许多家长还是第一次给自己的孩子写信，许多家长说执笔之际已经热泪盈眶，执笔之际千言万语无从下手，执笔之际惊觉时光匆匆……

手捧一封封家书的孩子，边看边沉默，边看边回忆，边看边落泪。是啊，静下心来细读家长写的家书，就是一次心与心的交流，就是一次父母与孩子敞开心扉的心灵互动。

这里，让我们来看看家长们写给孩子的几封家书，感受一番父母融于笔端的点点滴滴的爱吧。

亲爱的孩子：

从你呱呱落地，到上幼儿园，上小学，很快就过去了十二个年头，你快和我一样高了。

你是一个正直又善良的孩子，与我一样疾恶如仇。你爱好广泛，爸爸很高兴与你一起学围棋、象棋、画画、唱歌、弹琴、数学和英语。看到你逐渐进步，我很开心，再累也很高兴。

你将很快踏入初中了，竞争逐渐开始激烈了。你要利用好学生时代的大好时光，认真踏实地学好数理化，以及各种文化知识，将来做一名有知识、有理性的女性，做一个有用的人。

……

孩子，爸爸希望你不断努力，认真踏实地学习。不一定要学习成绩拔尖，只要努力付出，取得进步，我就很开心。希望你全面发展，积极锻炼身体，拥有健康的体魄，具有优良的思想品德，乐观面对所有的困难与挫折。

爸爸麦冠华

2014 年 5 月 21 日

亲爱的儿子：

转眼间，你小学就要毕业了，妈妈有许多话想要对你说。

……

小学就要毕业了，你也已经十二岁了，你要开始学会对自己的将来负责，保持你现有的优势，努力弥补不足，从容应对今后面临的各种挑战，成为笑到最后的人。当然，我们不会撒手不管，我们会在旁边默默陪伴着你，爸爸妈妈永远是你坚强的后盾。

还有许多话，如果你愿意，我会在每一个温馨的日子向你娓娓道来。你有什么话，如果你愿意，我很乐意成为你最好的听众。十二岁之前，我希望你健康快乐。十二岁之后，我依旧希望你健康快乐。不管你遇到什么，这都是你立于不败之地的法宝，珍惜！作为学生，妈妈希望你好好学习。奥巴马说："学习不能决定你的起点，但一定决定你的终点。"希望你用自己的努力描绘自己美好的明天！

祝健康快乐，天天向上！

爱你的妈妈

2014 年 5 月 26 日

感恩课

2014 年 6 月，2014 届毕业生家长策划把这一届家长写的家书集结成册，留给孩子的母校作为纪念，也作为礼物和精神传承给孩子的学弟学妹们。中小学家庭教育指导研究专家熊少严还专门为这部《文德家书》写了序，里面提到："这一封封家书，隐喻着一个个家庭滚烫的亲情故事。"的确，这一封封家书背后都是一个个动人的故事。"若干年后，当孩子们长大成人，也会成为人父人母，成为在职场和家庭中有担当的人。有一天，他们会翻开这本小册子，重新读到父母当年给自己写下的这些文字。我想，他们那时将会有更深的感动。"

三、亲子创作的畅想

古希腊一位哲人曾说过，感情是由交流堆积而成的。任何一种感情的升华都有赖于交流。血浓于水，亲子之情虽与生俱来，但由于现代社会竞争的日趋激烈，年轻的父母大多把大部分精力都用在了工作及不断的学习提高中，而网络的普及，也一定程度上使得父母与孩子的交流减少了。

亲子活动，顾名思义，就是由家长和孩子共同参与、相互合作进行的一系列活动。亲子创作活动则是在亲子活动的基础上，自行创作，进行家庭 DIY。全校一千多个家庭，各自发挥想象力，会创作出一千多种亲子活动的呈现方式。

为此，如何让家长抽出一个阳光灿烂的周末，与孩子共同参与一次别开生面的活动，这是学校创新亲子活动的思考点。我们期望别开生面的亲子活动能够让孩子更亲近父母，也让父母那颗因工作而疲劳的心得到片刻的安宁，享受真正的天伦之乐！

每个学期，文德路小学都会结合一些节假日举行庆祝活动，设计一些亲子创作活动，寓教于乐，寓知识于游戏，开发孩子的智力，提高其动手能力、反应力、创造力，使孩子能在德、智、体、美、劳各方面得到全面发展。

"三八"妇女节，我们设计了"家的味道，爱的传承"活动，旨在让孩子和妈妈一起做一道家常菜，以此传承家庭的爱；为了更好地学习社会主义核心价值观，我们设计了"我眼中的核心价值观"活动，孩子负责背诵，爸爸妈妈负责解释他们对核心价值观的理解，旨在让价值观深化到日常的行动中；纪念中国人民抗日战争暨世界反法西斯战争胜利 70 周年大阅兵之际，我们设计了"亲子手抄报"，旨在展示观看阅兵的两代人对战争的理解，传递和平珍贵……

如此，一幅幅亲子创作的景象便出现在我们面前。

春回大地，微风拂面。在国际妇女节来临之际，学生开展了"传承家的味道"综合实践活动。

在3月8日当天，学生在家里学做一道妈妈的拿手菜。妈妈们都秀出自己的看家本领，带领孩子在厨房里"大展身手"。从准备材料到动手烹饪，学生都积极参与其中，并且细心地记录下了自己家独有的烹饪"小秘籍"，传承属于家的味道。通过亲身参与做菜，学生们不仅感受到了妈妈平日里对自己无微不至的照顾，同时也提高了自己的动手能力、实践能力，感受到劳动可以创造美。一道道精美的菜肴散发着特殊的气息，那是妈妈的味道，是家的味道，也是爱的味道。在温馨幸福的氛围中，这味道才下舌尖，便上心头。

——"家的味道，爱的传承"

很惊讶：有一天，孩子放学回到家，唱着类似童谣的歌儿，神情轻快。我定神一听，哦，是社会主义核心价值观的24个字。我还没能记得这么全呢，她却能很顺溜地脱口而出。

很欣喜：有一天，我问孩子，你懂得这里面的含义吗？她一脸天真："懂啊！我们学校老师讲过呢。"我又问："你印象最深的是什么？"她毫不犹豫地说："友善、平等、诚信、文明、爱国。"然后，我们母女俩开始围绕这些概念，联系生活，举例子进行讨论……

很期待：从小在他们心田里种下的这些种子，能慢慢地伴随他们成长，知行合一地融入他们的生命之路。

很感谢：学校和老师们通过孩子带给我们家庭的变化和欣慰！

——"我眼中的核心价值观"

亲子创作活动有利于激发孩子的内在潜能，推近亲子关系。其实，每个孩子都有这样一种心理，希望自己是父母视线的焦点。父母的陪伴和参与往往能激发他们的内在潜能！每个孩子都希望在父母面前好好表现一把，让父母为他们骄傲！而这，也正是文德路小学不断设计与开展亲子创作活动的目的。

第五章

"文德"化品

一首小诗诉说孩子心中渴望：
若你轻柔而文雅地抚摩我，
若你望着我并对我微笑，
若你开口前先倾听我的话语 ，
我便可以长大，真正地长大……

文德师者用心灵回应与守望：
孩子，请感受我手心的温度，
感受到我心灵的温度 。
让我对你展露最真诚的微笑，
弯弯的嘴角是你我沟通的心桥。
每一刻，
我都期待从你心田流露出的音符，
感受童心的美好。
求学路上莫彷徨，
我总是静静守望，你的渴望。
我总是与你一道，见证你的成长。①

---

① 《渴望·守望》，作者宋丽峰，文德路小学。本诗的前篇"渴望"，引自美国心理学家詹姆斯在《天赋成功》里引用的一位九岁孩子所写的《若你》，原作者无法查证。

第一节 一生阳光的心育品牌

古语云:"师者,传道授业解惑者也。"立校 80 余年,文德路小学的教师兢兢业业,潜心教学。时光流转,三寸讲台如人生舞台,"文德师生"在此相聚相依。

文德师者

每当凤凰花开时,"文德学子"总会结伴回校,与老师天南地北地聊一聊,欢声笑语充盈校园的每个角落。一位从外校调入文德路小学从教的老师,在过完第一个"文德教师节"后,由衷地说道:"文德的孩子格外有情。"一语惊醒梦中人,为何"文德学子"格外有情?细细思量,"文德师者"不光传道授业解惑,还引导学子心中的智慧、仁爱和勇气,让他们在心灵深处播种爱,孕育爱,承载生命中一切的美好。

"文德师者"心中有情,行而有情,以情育情,"文德学子"自然格外有情。

在学生成长的道路上,"文德师者"认为最难突破与实现的,是心灵的成长。的确,现今网络发达,知识早已不再是施教者和受教者唯一的教育追求，知识更新的速度特别快，有什么不懂的问题，上网用搜索引擎一搜，答案自然揭晓。不过科技再怎么先进，时代再怎么发展，人的心灵所产生的力量都不容忽视。因此，早在 1992 年，"文德师者"就在梁妙仪校长的带领下开始"铺设心灵成长之路"。20 多年一路走来，文德路小学在发展中一直孜孜不倦地追求着自己的特色——心理健康教育。如今，心理健康教育既是文德路小学的课程教学特色，更是文德路小学的教育品牌。

一、一以贯之的研究

(一)一脉相承，层层深入

梁妙仪校长经过精心策划和两年多的筹备，在 1994 年就制定了"发展健康心理，全面提高学生整体素质"这一具有时代前瞻性的实验方案。通过 6 年多的实践，学校建构出"全员参与，全面关爱，全程辅导"的学校心理健康教育模式。从此，"一切为了孩子的未来"成为"文德师者"的座右铭，它不但刻在文德路小学校园的墙上，更镌刻在"文德师者"的心中。

早在 20 世纪 90 年代，在专家的指导下，"文德师者"就编印心理健康教育的校本教材，内容丰富，装帧精美，而且每周固定有一课时进行教学，在教学实践中对学校的心理健康教育模式不断总结，不断反思提升。1999 年 12 月，文德路小学通过了全国整体改革专业委员会的验收和评审，获得极高的评价，教育改革取得了圆满的成功。

然而创业难，守成更不易。2001 年，"文德师者"秉承一贯对心理健康研究的热忱与传统，又接受了联合国教科文组织中国教育学术交流中心"21 世纪优质教育学校研究"的子课题研究，开展"人本·创新·优质"的新一轮实验。2011 年，文德路小学的国家级课题"小学生学业积极情绪干预策略"立项，并于 2014 年 9 月圆满结题，"文德师者"的研究成果再次获得专家和同行们的肯定。课题成果鉴定书上的"优秀"二字，如同强心剂，为"文德师者"注入了强大的精神动力，激励大家继续完善心理健康教育体系。2015年，"文德师者"再接再厉，开始了"在积极心理环境下的班级文化建设"这一课题的研究实践。

20多年的文德时光，历任4位校长，"文德师者"在他们的带领下一直在心理健康教育的田园里深耕细作，收获着成长与快乐。

(二)一矢中的，搭建框架

一个个课题实践，犹如孩子们成长的高度与方向，而要成长得好，"骨架"很重要。因此，学校通过持续不断的培训和实践，让"文德师者"在心理健康教育的知识建构中搭建概念框架，更是使其成为"文德师者"从教的金科玉律，为课题的推进与发展打下坚实的基础。

其一，尊重学生人格。每个学生都是一个神圣的独一无二的生命体，应尊重学生的人格尊严与权利。

其二，人性与潜能。每个学生都有自身的潜能和价值，都有自我实现的需要，从本意上看，都有做一个好学生、一个好人的迫切愿望。

其三，心理需要。人有基本的心理需要，心理需要的满足状况影响着人们的情绪和行为。不良行为往往与个体的需要受挫或心理不平衡有关，属于心理障碍范畴，仅靠纪律教育和道德教育无法解决问题。

其四，自我意识。自我意识是人格的核心，促进学生自我认知，提升学生的自尊心和自信心，引导学生养成自控能力是教师的职责。

教师依据概念框架，分析学生心理问题的形成原因，解释心理问题的发生，探讨健康心理培养的方式方法，使心理健康教育不断地朝着专业的方向发展。

近年来，随着教育实验的推进，文德路小学在树立心理健康教育品牌的同时，深挖内涵，与时俱进，根据学校实际，发展校本心理辅导，走专业化道路，开展新一轮的研究探索，进一步探索建立符合国情与校情的、较为完整系统的学校心理教育运行体系，从而形成了四根强有力的支柱。

支柱一：完善的心理健康教育目标体系。目标体系以"学会学习，学会生活，学会做人，学会发展"为导向，从小学生的心理发展水平和特点出发，着重培养"自我、群体、学习、生活"四方面的意识和行动，促进学生个性心理健康的和谐发展。

支柱二：相辅相成，整体发挥功能的课程结构。文德路小学的心理健康教育模式是以学校课程体系为中心建立的，它以学校为本位，在校长的组织领导下，全体教师积极参与，以学科课程和校本课程，即心理活动课、活动课程为媒介，以优化潜在课程为条件，课程之间相互渗透，教育与辅导有机结合，融入学校整体运行机制之中，贯穿于教育活动的方方面面。

支柱三：尊重、激励、合作、愉悦的课堂教学。教学是全面推进素质教育的主渠道，也是实施心理健康教育的主阵地。我们构建了"发展学习"的教学模式，形成了尊重、激励、合作、愉悦的教学特色。

尊重是基础。爱默生曾说："成功教育的秘密在于尊重学生，只有尊重学生才能拨动孩子的心弦。"在人的所有情绪中，最强烈的莫过于渴望被人重视。所以，"尊重"成为"文德师者"教育教学的主旋律。教师与学生之间，教师与教师之间，教师与家长之间应互相尊重。尊重拉近了人与人之间的距离，形成了共同的心灵气场，正是这种气场孕育了和谐。

激励是催化剂。对每一个人来说，自信心如同一对翅膀，能让他飞得更高更快，如果没有这对翅膀，他将永远在地面上徘徊不前，永远看不到前方那亮丽的风景线。激励，是推动学生再次起飞的力量。激励是一名教师应有的素养，更是教师人格魅力的释放。"文德师者"总是用一颗温热的心发现每一个孩子的闪光点，让激励成为学生成长的加油站，同时努力让每一个孩子知道，自己也可以成为别人的加油站。师生之间应该互相激励，共同成长。

合作是黏合剂。如果说以往人的成长靠的是个人奋斗，那么新的时代与环境强调的却是团队的力量。尤其是在激烈的竞争环境中，人们需要真正的合作。因此，强调个人发展与竞争，一定要依靠环境和伙伴的合作——学会沟通、学会倾听，同行彼此理解、彼此支持，共同分享经验。大家心中都有共识："无论你是领导者，还是被领导者，在集体中都扮演着重要的角色，缺一不可。因此，在集体中分工清楚、各尽其职就显得尤为重要。"这种分工合作的精神与方式，也渐渐融入了"文德师者"的教学工作。

愉悦是氛围。"文德师者"常常是累并快乐着。丰富多彩的活动让孩子们展露出一张张可爱的笑脸，校园到处充满了阳光的气息。不论是课内还是课外，"文德师者"都想方设法让孩子们轻松愉悦地学习，"学海无涯乐作舟"。"文德师者"总是尝试从教育教学的细节入手，向40分钟要质量，力求让每一个学生都感受到学习与成长的快乐。

合作是核心，尊重是前提，激励是动力，愉悦则为条件。"启动学习—乐于学习""指导学习—学会学习""反馈学习—善于学习"，这三大环节构成了以学生为主体，师生互动，生生合作，情知互促的课堂教学。

支柱四：心理辅导与道德教育相结合的辅导活动。实现心理辅导与品德教育相结合，关键在于继承和发扬学校集体教育、个别教育的优良传统，引进心理辅导的理论和方法，改变过去学生一出现问题就往道德品质方面靠的做法。学校对学生问题进行"心理分析"，耐心地"沟通疏导"，进而在认同的基础上，让学生主动提出具体可行的行动目标，促使学生以新的面貌出现于集体中。

（三）一心同归，多维关爱

"文德师者"走过20多年的心育之路，回首来时路，虽有艰辛困苦，但是总有伙伴的扶持与鼓励，前进路上从不孤独。在此，我们用三个单词和三个算式诠释"文德师者"的心育之美。

三个单词：knowledge　hardwork　attitude

三个算式：knowledge＝96　hardwork＝98　attitude＝100

如果我们把英语的26个字母A到Z的分数值设置为1到26，也就是说A＝1，B＝2，C＝3，依此类推，那么Z＝26。这样一来，我们常常挂在嘴边的知识"knowledge"有多少分呢？答案是96分。善于学习，以及拥有扎实的教育教学知识，让"文德师者"成为学生心灵飞翔的有形翅膀。

为了使心育更贴近孩子的内心世界，做到"德泽心灵"，文德路小学为"文德师者"设置了心理辅导培训课程。从 2006 年开始，在每周五的下午和晚上，包括寒暑假期中的校本培训，所有"文德师者"都在心理辅导培训课程中留下了自己的青春与思考，到 2008 年，全体教师都拿到了心理健康教育 B 证或 C 证，这也点燃了教师团队的心灵之光。这一切，为文德路小学的心育工作打下了坚实的基础。学校还专门为班主任开设了技术培训课程，每月定期进行培训和教研。一个个生动的教育故事，一次次震撼心灵的分享，一场场精彩的专家讲座，为"文德师者"打上鲜明的心灵烙印。因为，我们坚信，只有感动自己才能感动学生。这也让"文德师者"与学生的心灵走得更近了。

当然，96 分不是我们追求的最高境界。接着，"文德师者"又找到了一条发展之路，那就是"hardwork"。努力，坚持不懈地努力，能带给我们 98 分的状态，所以"文德师者"永不止步。"文德师者"用心、用情、用创意为孩子们带来了"充满正能量、新颖、有趣、具有实效"的心理健康教育活动。

当然，如果说是什么金牌品质造就了文德路小学这个团队，我想接下来等式最能说明问题：attitude（态度）＝ 100。正是 100 分态度与信念，以及对学生无限的关爱，成就了这支 100 分的团队。教师对学生心灵的关爱不仅限于课堂，生活中一个个小细节都会成为"文德师者"的着眼点，"文德师者"始终在用心捕捉、用心聆听、用心感受孩子们的喜怒哀乐。

二、满园阳光的心法

(一)策略一：全员参与，全面渗透

如下图所示，文德路小学致力于调动全体教职员工参与心理教育，营造有利于心理发展的环境氛围。学校的所有课程都承担着心理教育的任务，教师全方位渗透心理教育的思想方法，多渠道落实推进，这是文德路小学心理健康教育的有效策略之一。

```
                        心理教育
          ┌──────────────┴──────────────┐
       非专门渠道                      专门渠道
   ┌──────┼──────┐              ┌──────┼──────┐
 学科课程  活动课程  潜在课程      心理辅导  心理咨询  心理矫治
```

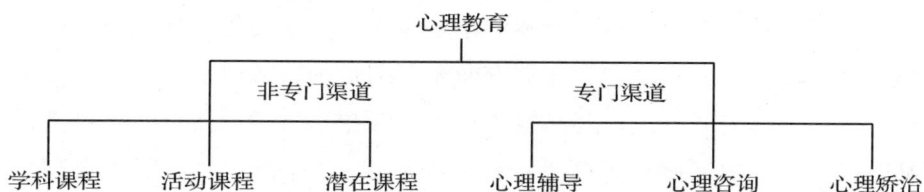

(二)策略二：发展为主，重在培养，防治为辅

学校心理教育工作的重心是发展学生良好的心理素质，培养学生健全的人格。这是由基础教育要面向全体的性质所决定的，是由学校培养目标所决定的，是由学生的年龄特征所决定的，也是由心理教育的特点决定的。

文德路小学重视发展学生良好的心理素质，希望学生拥有自信心、正确的认知、开朗乐观的性格、良好的挫折容忍力及心理调节能力，促使他们远离心理障碍和心理疾病。学校坚持发展为主防治为辅的策略，不断提高心理教育的效率，力求真正实现维护与促进学生心理健康的目标。

(三)策略三：科学化、规范化、校本化

其一，心理辅导科学化。

沙盘游戏

　　心理辅导是一种专业性很强的助人活动，要求辅导者除了自身的心理要健康之外，还要受过心理学方面专门的训练。所以科学化，首先是辅导者要有健康的心态，要掌握科学辅导理论、方法、技巧，要打开教师自己的心灵的天窗。而自我完善和个人成长就是教师"心灵的天窗"，只有打开这扇窗，让理性的阳光照耀心田，让感性的雨露滋润生命，在教育心灵历程中给予他们更多完善自我、包容他人、奉献真诚的机会，才能够使教师拥有一颗健康的心灵，从而在心灵成长的道路上带领学生走入身心快乐的国度。

　　文德路小学坚持敞开校门，走出去，迎进来，把科学的教育理念引进来。国内知名的心理专家，如申荷永教授、高岚教授，以及广州市教科所的专家们一直引领着我们，国际沙盘学会的秘书长伊娃女士也亲临指导。活跃在台湾、大陆两地的心理学学者，包括台北辅导团的会长，悲伤治疗、情商训练的专家及催眠师，《易经》研究专家等，也与文德路小学的教师就心理教育的问题进行了全面的互动交流。两地老师和学者坦诚沟通，让彼此了解了对方的教育教学及个案辅导的方式。不断的学习交流使"文德师者"在专业上持续提升。

　　文德路小学构建了"自主发展"校本培训模式，实施20字策略：专家导向、专业引领、任务驱动、实践体验、切磋分享。全员参与的心健康教育证书培训班的学习，实现了全员领证；十二期文德阳光教师团体训练营、六期的阳光教师抗逆工作坊的体验式培训，让教师在全身心的投入中得到了全方位的收获。全员的团体辅导实践（100％参与辅导）、工作坊式的校本研究、感人的心理辅导叙事分享、电视台的夜话节目都成为"文德师者"学习的天地。我们认真学习于丹的《论语心得》，寻找《论语》的真谛，辨析怎么样才能过上心灵所追求的那种快乐的生活。我们学习《自己是最好的心理医生》，认真领会深入浅出的心理学理论分析、生动真实的辅导案例、打开心结的法则，引领自己成为自己的心理医生。我们学习《心灵鸡汤》，通过生活中平凡又鲜活的故事以及故事中的智慧启迪来享受心灵的盛宴，成为一个能感动别人的人。我们学习

《以平常心做人，以进取心做事》，调整积极的心态，享受每一天的工作，让每天都感受到工作的新奇。《沉思录》《第 56 号教室的奇迹》《今天如何管学生：西方优秀教师的教育艺术》《幸福的方法》《课堂的革命》等都是文德路小学教师培训的有效素材。

其次是辅导方法、技巧的科学化。在继承学校一贯采用的心理辅导方法的基础上，我们学习其他国家和地区的先进辅导理论和技巧，引进绘画辅导（利用绘画的形式，给予学生一个宣泄和表现自我的机会，从中把握学生的心理活动，进而有的放矢地给予辅导），心理剧辅导（在角色中体验的辅导），游戏辅导以及感觉统合训练等，并将其融入美术课、体育课。还有沙盘游戏辅导，这是一种很神奇的辅导，是在沙盘上创造场景玩游戏的过程中进行的辅导。沙盘游戏辅导在 20 世纪由瑞士人创立，于 80 年代成立了国际沙盘游戏治疗学会，是国际上很流行的心理辅导方式。在沙盘游戏中，孩子们在有沙有水的盘子里，摆放着他们喜欢的各种玩具与模型，以此"表现"他们的情绪与心理状态，"表达"他们所遇到的问题以及应付问题的方式。也就是说，沙盘能够作为一种"语言"表现孩子们的"问题"，同时起到交流与沟通的作用。在游戏中，孩子们玩得高兴投入，表现出令人兴奋的想象力和创造性。专家认为，沙盘游戏是一种心理治疗的方法，也是一种心理教育的技术，可以培养人的自信与人格，发展想象力和创造力。

在科学的理论指导下，运用科学方法与技巧，进行团体、小组、个别的辅导，成为一种有效吸引师生的充满趣味的辅导方法，进一步拓展了学校心理辅导的内涵和空间。

例如，家庭辅导。家庭是社会的细胞，更是人际关系的基础，对人格的成长及心理健康起着独特而重要的作用。家庭成员的心理症状，常常是家庭互动的模式和家庭功能紊乱的表现。家庭辅导是从家庭整体的角度，对家庭互动的模式进行扰动，促进家庭功能的成长。在周东苏教授的热心帮助下，文德路小学开展了家庭辅导活动，受到了家长、孩子的欢迎。

例如，"抗逆力"团体辅导。"突破自我"成长计划是由广州市启创社会工作服务中心和文德路小学共同合作的学校社会工作服务计划。该服务计划通过融合"抗逆力"的三大元素——能力感、亲密联系感和积极信念，旨在提升学生的抗逆能力，让孩子在社交技巧、问题解决能力和情绪管理能力等方面均得到成长；旨在让更多学生及其家庭，在成长路上发挥自我潜能，成为勇敢进取的快乐人。这个团体活动包括学生的小组活动、家长工作坊、家长与班主任的互动活动和亲子冬令营夏令营。家长认为，这样的活动对孩子的成长及孩子与家长关系的改善均有较大的帮助，并热切期待下一阶段活动的到来。

例如，"走入心灵的队活动"团体辅导。文德路小学尝试把团体心理辅导结合到少先队活动中。在队干培训中进行摸索。对于每周的大队委会议、中队长会议，学校都尽量把团体活动融进去，具体指导队干学会如何开展这种类型的队活动，取得初步成效。于是，学校又大胆地开展了一个为期三天的队干训练营。取得成功后，大队部还在全区的少先队活动开放日中毫无保留地进行了展示。真实的活动场面和富有实效的活动让其他学校的辅导员眼前一亮，这种结合受到大家的肯定，被争相学

小团体辅导

习。接着，学校把"带动唱"也引进了队活动中，进行全校各中队的带动唱比赛，还根据时代需求，设计了《隐形的翅膀》《阳光总在风雨后》《We Are Ready》等针对性强、富有时代感、传唱率高的带动唱，受到了队员们的热烈欢迎。

为了能够更好地把团体心理辅导和争章活动结合起来，学校在两个假期里开展了阳光团体心理训练营，每次都有六七百队员参加。整个训练营由辅导员自行设计并担任导师。队员们打乱中队的间隔，组成一个个新的小队，自己起队名，确定队歌和目标，成功过关者可以获得奖章或丝带。在欢声笑语和重重考验中，队员们在团体意识、合作能力、沟通能力、创新思维等方面都有了不错的提高。

在队活动中，中队辅导员和队干部经常把团康游戏融入其间，还根据实际情况设计新游戏，如感受妈妈的爱的传鸡蛋游戏、提高自护意识的抢手套游戏等，让队活动在团康的滋润下焕发出新的生命光彩！

其二，心理辅导规范化。

心理辅导规范化主要体现在辅导环境的规范化、辅导语言行为的规范化、辅导程序的规范化。学校发掘骨干教师的领头作用，成立专门深入研究的课题组，以点带面，长抓不懈。在长期开展的心理辅导活动中，学校不断引导教师们反思、提升，开展有针对性的心理辅导研究观摩活动，规范心理辅导活动设计，开展专业化的个别心理咨询，规范教师在心理辅导过程中的行为语言，促进其不断朝规范化发展。

学校把主阵地放到班级。班级是学生学习生活的主要场所，也就必然是心理健康教育的主要场所。小学班主任也是中队辅导员，每时每刻把握着学生的思想脉搏，关注着学生的身心发展。因此，以班主任为主开展班级团体心理辅导，可以有效地将思想道德、行为习惯教育，科学文化知识技能教育，心理健康教育整合为"三合一"的教育，从而结合课程教学的渗透，结合班级日常工作和活动，结合全面和个别育人教育的交互，形成较为完善的班级团体心理辅导操作系统。

其三，心理辅导校本化。

学校文化是心理辅导校本化的重要表征，其丰富的内容、博大无边的内涵，会逐步内化为师生健康人格的一部分，是培育健康心理教育的深厚土壤，能够引领学生认识自己、悦纳自己，提高他们对小学生活的适应能力，养成良好的生活习惯和正确的学习态度，培养他们开朗、向上、乐学、合群、自信、自立、开拓、创新的健康人格。结合学校开展的小学心理健康教育的教育科学研究与实践，我们认为，有效地开展小学心理健康教育，要充分根据本校实际和小学生自身发展特点构筑和优化育人环境，把心理健康教育构建成学校文化，创建良好的心理环境，建立人性化的校本管理。尊重教师，尊重学生，用心灵培育心灵，是文德路小学心理辅导工作的关键。

"文德团队"还开发了"文德学子"成长课程，让真实的心灵陪伴成为孩子成长的动力。经过近十年的活动策划与积累，文德路小学的德育团队为"文德学子"量身打造了一个心灵成长典礼课程，把常规的新生入学教育、入队仪式、六年级的感恩课和毕业典礼变成"文德学子"心灵成长的节点。

文德的新生培训是专为解决孩子和家长幼小过渡困难而打造的特色典礼课程。文德路小学处在原来文化教育的"圣域"，即昔日的广府学宫，现在亦是为文德文化街所环绕。学校以人为本，营造了"文润德泽，和谐快乐"的学校文化，以文化育人。每年生动而又意义深远的新生开学第一营活动，充满人文关怀的开学第一礼、第一课，是学校特有的教育资源，融入了心灵教育的智慧，让孩子能够快乐地走进文德校园。

（四）策略四：学习实践，切磋砥砺，交流分享

十几年的研究，使文德路小学的师生在不断学习和大胆实践中切磋砥砺，交流分享，共同追求发展。

在井冈山，在甘肃肃南，在地震灾区四川，在顺德，在三水，在佛山，在增城，在番禺，都留下了学校老师和学生快乐的笑声。团体心理辅导成为师生情感交流的纽带，同时又成为师生共同成长的加油站。

2009 年年初，文德路小学与阳江市江城区那西小学成为携手共进、共同成长的手拉手学校。暑假，为了加强合作沟通与交流，文德路小学创新"帮扶"方式，派出优秀的教师团队做导师，邀请广州市教育科学研究所的专家，走进阳江市江城区城西中心学校，为该区那西小学等 17 所学校的 50 多名教师举办了"阳江老师训练营"。训练营既有活动体验，又有理论分享，借助一些新奇有趣以及富有挑战性的团队活动，农村的教师在导师引导下，通过有效的沟通、细心的聆听、机智的策略、勇敢的挑战、紧密的配合，增强了教师之间的信任和沟通，培养了团队合作精神以及责任感，并全面提升了沟通合作能力，促进了自身的专业成长。

参加训练营的老师说："导师们一点一滴的行为，都让人感动。他们积极进取的心态、耐心细致的工作，无论是在活动中，还是在理论分享的时候，我们每时每刻都能感受到。他们乐观包容，通过一系列的活动让我们打开心窗，体会到了团队合作的快乐。这些导师，更像大哥哥、大姐姐，通过团队活动和理论分享，教会我们很多知识。他们的积极敬业也激励了我们。他们以才华和热情带给我们超强的电能，让我们在短短的两天里就收获了一颗年轻的心、一种新的教学方式、一份珍贵的友谊。"

三、心灵欢唱的呵护

"文德师者"对学生的爱不仅仅是一种品质、一种素养，更是一种智慧。

著名教育家夏丏尊先生曾把"情"和"爱"比作教育上的水。他说："教育没有了情爱，就成了无水的池，任你四方形也罢，圆形也罢，总逃不了一个空虚。"在夏先生从教的时代，学校教育从制度和方法上走马灯似的更变迎合，朝三暮四地改个不休。因此，夏先生担心学校教育忽视自身生命所在——对人的培养。其实，在技术理性变得日益强大的今天，像夏先生这样的对爱的教育的忧虑依然存在。某市教委在教师中随机抽取 100 名教师，问："您热爱学生吗？"90％以上的被试回答"是"；

在这 100 名教师所教的学生中进行调查："你体会到老师对你的爱吗?"回答"体会到"的仅占 10％。为什么存在如此巨大的反差? 原因应该是多方面的, 然而"文德师者"又是用什么样的方式向学生传达爱的呢? 让我们一同走进"文德师者"的心灵, 分享他们爱的故事。

这里分享的, 是文德路小学陈秀茹老师教书育人的故事。陈老师说, 这个真实的故事, 是她教学生涯中的心结。因为年少气盛, 她曾经质疑了一位病危母亲对孩子深沉的爱, 于是希望通过写下这个故事来打开心结。而这个故事, 又何尝不是绽放着"文德心育"之花?

某天下午, 陈老师在批改作业时, 发现学生楚楚的练习本不再工整, 楚楚妈妈潦草的签名一直签到了最后一页。当陈老师从其他老师那里了解到, 最近楚楚学习状态极差时, 再也忍不住火气, 多次致电楚楚的妈妈。不过, 陈老师的联系始终没得到回应。当陈老师把电话打到楚楚妈妈的办公室时, 才知道"她永远地走了"……

我听着单调的嘟嘟声, 心里像被重重地打了一拳, 泪水模糊了我的双眼。那一刻, 我再次拿起楚楚的家庭练习本, 轻轻地抚摸着楚楚妈妈的签名, 心中感到无比愧疚。我不断地忏悔: 对不起, 我竟然这样误解了你。这一个个签名, 应该是你用最深沉的爱写出来的吧。潦草的字迹并不代表你不负责任, 当时你的心一定很苦吧? 你知道这是你生命终结前唯一能为孩子做到的事情。是啊, 你的楚楚太可爱, 但是又太可怜了。现在, 我能为她做些什么呢? 面谈? 恐怕行不通。家访? 事情太突然了, 连楚楚爸爸都难以接受, 现在去, 恐怕只会加重他们心中的痛。怎么办呢?

……

第二天, 我拿着《象背》和那把大梳子, 还有一个小巧的信箱走进教室。在语文课开始之前, 我和全班孩子一起分享《象背》这本书。

"有一天, 大象醒来时, 发现有一个天使在等他。天使悄悄地告诉大象, 他的生命已经到了终点。大象爸爸要走了, 要离开他的家人了。你们说他会怎么想?"

"大象爸爸知道要走了，他给家人留下了一段话。"

> 其实每个人
>
> 都知道
>
> 离开的那天
>
> 会来临
>
> 可是却无法相信会轮到自己身上……
>
> 夕阳比以往任何时候都来得美
>
> 不知不觉间胸中溢满了
>
> 感谢的心情
>
> 一路陪我
>
> 走来的人啊
>
> 请原谅我
>
> 丢下你们独自离去
>
> 能与你相遇
>
> 我很幸福
>
> 仰望早晨的天空
>
> 请保有你的微笑
>
> 我一定会化作阳光
>
> 守护你们

有一个孩子天真地问："他成了天使了？他的家人怎么跟他说话啊？"

我赶紧拿起手中的信箱，深情地说道："老师这里有一个'天使信箱'，它可以为他们传递心声。当然，也可以为你们传递心声。如果你有什么话想跟同学、老师、爸爸妈妈说，可以写一封信或者一张小纸条放在里面。'天使'就会为我们传信啦。"

这时，孩子们都炸开了锅："真的吗？太好了！我要写。我也要写……"

更重要的是，我看到了楚楚眼中的那一份欣喜。

这节课下课后，我把梳子还给了楚楚，还帮她把凌乱的头发梳好。那一刻，楚楚说我像她的妈妈。说实在的，当时我的心很痛，很酸。但是，我忍住了泪水，因为我知道我要把坚强的心灵力量传递给楚楚。这是作为她的老师，我唯一能为她做的。

第三天上课前，当我打开天使信箱时，发现楚楚写了两封信，一封是给我的，一封是给她妈妈的。在给我的信中，她写道："老师，谢谢你昨天帮我梳头，也谢谢你的书。我知道之前让您失望了，不过我会改正的，请您相信我。"看到这里，我的泪水又忍不住滑落脸颊。这孩子太懂事了。

而在给妈妈的信中，楚楚写道："妈妈，你会收到我的信吗？老师说这是天使信箱，能够为我传达心意。你在天上会像大象爸爸守护他的家人那样守护我和爸爸吗？我们爱你，我知道你也爱我们，你现在好吗？还会不会觉得痛？昨天晚上我学会自己梳头了，我梳得很好，就像你以前帮我梳的那样。妈妈，你放心。我长大了，会照顾自己了。我知道天使很忙，因为要帮助很多的人，您不用回信了。去帮助更多需要帮助的人吧。乖女儿楚楚上。"

我又一次泪流满面，为孩子的坚强，为她妈妈的伟大，为了一切她们所付出的爱。同时，我领悟到：有时，隐性关注是一种更难得的爱。作为老师，我们可以给孩子一份守护天使般的爱。

就像陈秀茹老师，"文德师者"总是给予孩子天使般的爱，让一颗颗童心在爱中绽放出最美的花。正因如此，文德路小学在"文润德泽，和谐快乐"的文化浸润下，创新德育工作，把心育放在德育中，形成了"德泽心灵"的德育特色。"德"是"文德"的核心，强调的是学生德行的培养、品格的熏陶、行为的养成，追求春风化雨般润泽孩子的心田，具体表现为以心育心，以师之爱育生之爱，以师之德育生之德。"一切为了孩子的未来"，文德路小学希望所有的孩子都能沐浴在阳光之下，感受到心灵成长的喜悦，绽放出最甜美最幸福的微笑！

第二节　一生书香的悦读品质

一、书香养人的信念

温家宝总理第一次和网民互动的时候，关于读书，他曾说过："我非常希望提倡全民读书。我愿意看到人们在坐地铁的时候能够手里拿上一本书，因为我一直认为，知识不仅给人力量，还给人安全，给人幸福。多读书吧，这就是我的希望。"

(一)新时代的书香

2013 年 7 月，来自印度的工程师孟莎美，通过自己在中国的所见所闻，写下了《令人忧虑，不阅读的中国人》。孟莎美在文中写道，在长途飞机上，那些不睡觉而玩着平板电脑、看电影的，基本为中国人，他们中没有一个人是在安静阅读。下了飞机后，拿着手机大声讲电话，低头刷微博，发短信的，也都是中国人。似乎每个中国人都在低头干着很多事情，唯独没有人拿出一本书，静下心来阅读。

不过，孟莎美也在文中写道：阅读，不包括在手机上看新闻，刷微博，而是指忘记周围的世界，与作者一起在另外一个世界里快乐、悲伤、愤怒、平和。它是一段段无可替代的完整的生命体验，不是那些文字碎片和娱乐视频可以替代的。

在现今这个自媒体的时代，微博、微信几乎成为大部分年轻人的主要的阅读对象。但是，低着头的他们往往忘记了，生活是美好的，一个人通过阅读不但可以感受到生活的美好，还能通过语言文字，把生活中的点点滴滴写出来，让别人也能从中感受到生活的美好。

苏霍姆林斯基说过："一所学校可能什么都齐全，但如果没有为了人的全面发展和丰富精神生活而必备的书，或者如果大家不喜爱书籍，对书籍冷淡，那么，就不能称其为学校。一所学校也可能缺少很多东西，可能在许多方面都很简陋贫乏，但只要有书，有能为我们经常敞开世界之窗的书，那么，这就足以称得上是学校了。"

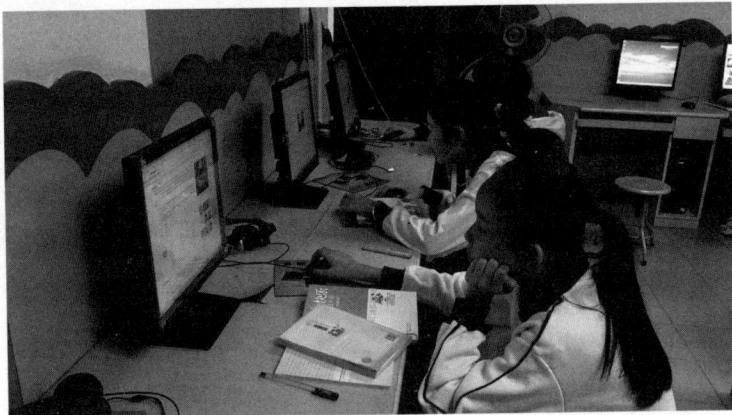

电子阅览

文德路小学通过"书香校园"的活动，来培养孩子们的阅读兴趣，使他们感受到阅读之美。教师在活动中，会引导孩子们多读书，读好书，好读书，因为好的作品往往蕴含着丰富的人生阅历，孩子们在阅读的时候，收获到的不仅仅是写作的技巧，还有从生活中感受美的方式……

不爱读书的人，很可能也不热爱生活；热爱生活的人，书也往往是他生活里不可缺失的一部分。文德路小学一直信奉"书香养人"，也一直让孩子在书香校园里读书、品书，享受书香……

(二)学校来了名作家

2011年3月11日，文德路小学请来了"中国动物小说之王"沈石溪为大家进行读书讲座。校园里一大早就热闹非凡，孩子们捧着一摞摞书籍，满怀期待地准备参加本学期书香校园系列活动的第一课——"名家进校园"。

沈石溪的系列动物小说一直是文德路小学各年级的推荐阅读书，因此孩子们几乎都是沈伯伯的粉丝。尤其是《狼王梦》，更是感动了不少老师和孩子。今天，孩子们带来准备给沈伯伯签名的图书中，最多的也是这一本。

沈石溪参加读书讲座　　　　　　　段立欣参加读书讲座

　　沈石溪的讲座主要是结合当年上山下乡的经历，向大家介绍了他来自大自然的写作灵感。他还结合文德路小学今年的学期教育主题"阳光下的幸福"和书香校园活动系列之"健康阅读，感悟幸福"，从人性的角度号召孩子们关爱生命，保护家园。沈石溪讲起故事来幽默有趣、形象生动，深深吸引了文德路小学全体师生，大家沉浸在他精彩的叙述之中，时而捧腹大笑，时而兴奋雀跃，时而紧张担心，时而陷入沉思……通过沈石溪的讲座，师生共同增进了对动物生活习性的认知，从故事中引发联想，体会到了故事背后的内涵，引起了深层的思索，从而更加懂得关注生命、感悟生命。

　　活动结束后，孩子们意犹未尽，纷纷排队等候沈伯伯签名，队伍排成了长龙……沈石溪一直耐心地为孩子们写下寄语，他对青少年的呵护与关爱，感动了在场的所有师生。

　　社会需要这样的良知作家和有责任感的作家！文德路小学跟沈石溪约定，明年再见，下一次要进行一次专场，让孩子们听个够！

二、徜徉学海的节日

　　在迎接第18届世界读书日来临之际，文德路小学再次掀起读书高潮，开展了系列读书主题展示活动，与4月的广州"书香羊城阅读月"交相辉映，散发出浓浓书香情。

(一)读书与主题规划

文德路小学此次读书节的活动主题,是"阅读长智慧,书香伴成长"。开学初,一至六年级就已经分别确立了各自的阅读主题。

一年级:走进七彩的童话世界

二年级:走进海洋世界

三年级:畅游动物王国

四年级:《声律启蒙》伴我成长

五年级:春日诗会

六年级:走进四大名著,体验阅读乐趣

于是,开学两个多月来,文德路小学校园里,处处洋溢着读书的氛围。各班图书角的好书互动、板报栏的阅读园地、红领巾广播站的读书心得分享等,都是孩子们喜爱的读书交流平台。读书,成为孩子们平日学习生活不可或缺的部分。学生纷纷表达读书的乐趣,交流阅读的收获,从而增强了自主学习的意识。

4月末,各年级都组织了各具特色、主题鲜明的读书展示活动,将"文德书香满校园"的系列活动推向高潮。围绕年级阅读主题,各年级通过各种精彩纷呈的节目,以及擂台赛、辩论赛、对对子等互动活动,展示了阅读的收获。孩子们乐在其中,老师们甜沁心田,家长们也沉浸在校园活动的和谐愉悦之中。

这样的读书节活动,得到了家长的充分肯定,师生也在这样的阅读氛围中有所收获。大家纷纷表示,今后要将这一系列活动不断开展下去,将其打造成文德路小学又一张名片。

(二)"文"香"德"更远

莎士比亚说:"生活里没有书籍,就好像地球没有阳光;智慧里没有书籍,就好像鸟儿没有翅膀。"对于教师来讲,提高自己专业素质和综合素质的方法有许多,教师间互相听课、听学术报告、上网交流、外出考察等都是很实用的学习形式。但是,读书应当是首选。因为,读书交流可以让大家分享各自灵动的思绪、精湛的见解和深邃的思想，不断提高教师的人文素养与专业水平，不断充实和提升文德路小学校园文化的内涵和品位。

文德路小学历来都有一群爱读书、好读书的老师，自然也就影响了一批爱读书的孩子和家庭。学校每学期都会制定"书香校园"读书活动方案，发动全体教师积极参与"书香致远"活动。"读书分享会"就是学校读书活动中的一个经典特色活动，由各年级组轮流主办，创意纷呈。每逢有新教师入职，学校也会举行"读书分享会"，让新教师切身感受一番文德路小学的读书氛围。活动旨在通过分享，在全校创设浓郁的读书氛围，使全体教师养成"爱读书、会读书、读好书"的良好习惯，提升教师的专业素养、审美修养和人文底蕴，争创"学习型学校"。

相对于讲座而言，读书沙龙是一种更轻松活泼的书友交流聚会方式。读书沙龙也是学校长期坚持下来的读书活动之一，有时候也会举行小范围内的读书沙龙，如青年教师或团员教师的读书沙龙、科组长或级长的读书沙龙、科组内的读书沙龙等。无论是哪一类的读书沙龙，都旨在感悟读书写作乐趣，分享教育教学智慧。

阅读

读书是一种学习，也是对学生的言传身教。教师带头读书学习，这本身就是对学生的一种言传身教。爱读书、有修养的教师，往往是学生心目中的偶像，教师的一举一动，都会让学生揣摩效仿。很多学生就是在教师的熏陶下爱上读书的。例如，每个班级都自备读书角，由学生自己带书放在图书角，利用每天的午读时间自由借阅，分享阅读的乐趣。学校也不断为学生提供读书和交流的平台，提倡学生博览群书，做一个"文德兼备"的阳光少年。例如，每周二下午的兴趣活动课，学校会安排一年级的学生到学校旁边的图书馆自由阅读，旨在培育学生读书的兴趣。同时，学校还定期举行读书节，分年级进行读书节展示，借助课本剧的形式展现自己班级的读书主题。高年段的班级还借助 QQ 或博客举行"书虫小世界""阅知大世界"等读书分享会。

正如苏霍姆林斯基所说："无限相信书籍的力量，是我的教育信仰的真谛之一。"读书，同样是文德师生的信仰之一。当我们枯燥烦闷时，读书能使我们心情愉悦；当我们迷茫惆怅时，读书能平静我们的内心，让我们看清前路；当我们心情愉快时，读书能让我们发现身边更多美好的事物，让我们更加享受生活。我们深深地体会到，用心品读每一本书，就会发现每本书都是独立的小宇宙，它有属于自己的生命和灵魂。文德师生在闲暇之余，都喜欢捧书阅读，品味那一份优雅与平静带来的感悟，带着"文香"走进"德远"的生活……

三、惹人可亲的书虫

五柳先生曾说："好读书，不求甚解，每有会意，便欣然忘食。"在文德路小学，会欣然忘食的，是那些可爱的书虫。

（一）小书虫的"小贩众生相"

六年级的林沛蕾同学就是一个小书虫。在《那些日子，那些神一般的小贩》一文中，小蕾用她最美好的笔触写下了小贩的众生相。

文章开头是这么写的：

小贩处处都有，而且是生活中不可缺失的角色……小贩，一种生活中的天才人物……

在一个孩子的心目中，原来，那些让我们感到腻烦的小贩竟然如此可爱。小蕾更是以"那些日子，那些默契的小贩""那些日子，那些互相帮助的小贩""那些日子，那些无私的小贩""那些日子，那些天才设计的小贩"写出了平凡而生动的小贩群像……

文章的结尾一部分，是"那些日子，那些别人笔下的小贩"。小蕾是这么写的：

《父与子全集》里有一页，是说父与子成名了，但他们不习惯吃王宫里的东西，到路边摊去买了热狗和面包，他们还是觉得自己习惯的东西好吃。

杨红樱的《马小跳系列》里有一幕：毛超说："这可不一样，好比学校食堂大师傅，就比门外炒饭摊炒得难吃得多。"对此我深表同意。

《意林》有一期写道："我妈妈为了我上学，成为一个在路边摊卖果子的小贩……"

《读者》有一期写道："那些香气四溢的小巷，那些刺激的黑暗料理，已经成为我记忆里的一页，就算我再回到那里，也回不去那青葱的记忆……"

对于很多人都用只言片语描写过那些平凡的小贩，孩子通过阅读，用他们独特的手法写出了不一样的小贩。

(二)小书虫"蛀进书魂里"

再来看看几个小镜头，我们会发现，"文德小书虫"都"蛀进书魂里"了。

镜头一：书虫在家里

刘熹拿着一张印满符号的表在家里摇头晃脑地背着："天地玄黄，宇宙洪荒。"

妈妈不解地问："你絮絮叨叨地在念什么？"

刘熹得意地说："不懂了吧？这是《千字文》。"

妈妈看了看纸，又看了看儿子，说："这么艰涩难懂，你会背？"

孩子自信地点点头说："老师已经为每个字都注了音。她还告诉我们，这是古代孩子的识字文，他们会的东西，绝对难不倒我们现代的精英。"

看着孩子一脸的自信与稚气，妈妈露出了满意的笑容。

镜头二：书虫在音乐室

"老师，这句对白怎么念？"泽鑫向黄老师请教道。

黄老师摸摸泽鑫的脑袋说："你这个孔融做得非常棒，只要挺起胸，自信地看着观众就会很成功。"

泽鑫难为情地说："老师，我可从来没试过表演啊，要不，您还是请一些演过的同学上台吧。"

黄老师笑着说："我们就是要把机会给你们这些从来没有上过舞台的'小鲜肉'。加油哦，泽鑫。"

泽鑫仿佛从黄老师的眼睛里看到了力量，他用力地点点头，继续练习自己的对白。

第六章

"文德"留声

就让它像一支歌吧，

别当它是一首诗。

当你听到了皂荚花开的声音，

是否记起那远去的故事……

就让它像风雨中的一阵百里香吧，

别让它是花园里的一盆万年青，

就让它像偶然窗外飞过的一片白吧，

别让它是深深门里藏的一品红。

假如它像水中一弯捞不起的月，

那它就是古墙上一盏吹不灭的灯。

假如它像林荫里穿越的一缕风，

就别让它是小小一扇望不穿的窗，

就让它像一支歌吧，

在时光游移的岁月里，

留驻所有曾经的鸟语花香……①

---

① 作者宋丽峰，文德路小学。

第一节 文德时光的六年喝彩

一、描绘六年的地图

下图是文德路小学学生的自制日历。

自制日历(其一)

这个日历是怎么回事?

日历中记录的是学生在每一周参加的活动。这些活动是一个个富有创意和感动心灵的活动:秘密任务——教师节的惊喜;教师也走红地毯——泡泡代表我的心;中队论坛:如何看待游客的不文明行为;新老师上心理课真好玩……周一、周二、周三、周四、周五、周六、周日,一天又一天,学生体验着种种有趣的活动,享受着有意义的生活,因此,这一份份日历,又叫"文德时光"。

于是,就有了"文德人"内心最美的告白,有了"文德学子"最美的集体回忆。

> 文德时光，
>
> 滋润着我们的心灵，
>
> 心灵在活动中成长。
>
> 一个个创意，一次次感动，
>
> 心灵在回忆中舒畅。

再看看下面的一份日历，与"少代会"相关，有着学生好多的回味：那一天，我们"选出少代会代表写提案"；又一天，"少代会开幕啦"，然后，成立助选团，开展大队候选人综合实践活动，进行候选人年级巡讲宣传；还有一天，"少代会代表与行政面对面"……

自制日历（其二）

还是再多来一些"文德时光"吧。

虽然少代会闭幕啦，但是，那一系列的活动还在学生脑海中萦萦绕绕地不散开呢。到了"外语文化活动月"，学生们在外语的世界里"玩耍"，过着欢快的外语文化节，表演着自己的"拿手戏"……

在这里，学生亲制日历，走进一条时光长廊，感受爱意满怀的成长。

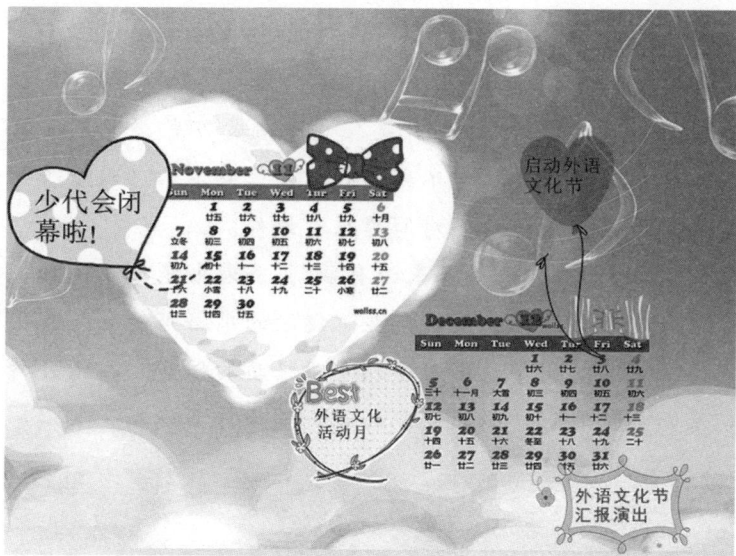

自制日历(其三)

在这里,学生描绘着时光,用别样可爱的脚步,展现心灵中那一抹灿烂的阳光。

唱一曲校园之歌,徘徊在小径长廊,邀风景相约,那浅揉在童年的欢乐,那些"文德时光",从未言再见,常温暖心间。

二、多元思辨的论坛

提起"论坛",很多人认为,这至少是中学生、大学生,甚至是年纪更大的人才能举行的活动。因为,这需要参与者具备良好的语言表达能力、思辨能力,需要在面对复杂的问题时能做出正确的判断。所以,一般人认为小学生是很难进行这类活动的。但是,现今社会信息发达,许多小学生虽然年纪不大,但却显得比较成熟和自信,对很多事物都有自己的想法。而且,随着社会的发展,表达能力和思辨能力强的人才能更好地应对种种复杂的情况。所以,培养这类人才是社会发展的需要。

(一)辩一辩"开卷"

有一天,从下午 2:10 到 2:50,在文德路小学操场的大榕树下,

五年级全体学生展开了一场辩论赛。"开卷是否有益?""文德学子"是这样说的:

正方一辩:我方认为"开卷有益"。"读书破万卷,下笔如有神。"多看点书可以学到一些在学校学不到的知识。读书不但可以增长知识,还可以帮助我们积累好词佳句,对写作很有好处。

反方一辩:我方认为"开卷未必有益"。多看书是可以增加我们的知识面,开阔我们的视野。但是,那些不健康的书籍可能会给我们带来不良影响。而且,有的同学看书时不注意对眼睛的保护,在暗处看书或躺着看书,反而会使我们的眼睛受到伤害,带来许多麻烦。所以,我方认为"开卷未必有益"。

……

正方四辩:我方始终认为"开卷有益"。高尔基说过:"书籍是人类进步的阶梯。"多读书,就会增长知识。爱迪生不就是一个例子吗?他读了很多书,从中得到了启发,又进行了大量的实践,才发明出电灯。世界名人培根说过:"史鉴使人明智,诗歌使人巧慧,数学使人精细,博物使人深沉,伦理之学使人庄重。"这诸多意思,可一言以蔽之:开卷有益。如果我们不多读书,哪来的这么多知识呢?如果没有了知识,我们怎样辨别谁是谁非呢?书是历史经验的总结,书是社会文化的结晶。读书,可以彻悟人生道理;读书,可以洞晓世事沧桑;读书,可以广济天下民众。所以"开卷有益"!

反方四辩:感谢各位辩友的精彩对答。我方始终认为"开卷是否有益",主要还是看谁看书、看什么书和年龄这些因素。如果是一个心术不正的人看书,不管看什么书,他吸收的总是不好的语言和思想。相反,一个素质极好的人就会有选择性地看书,而且还会去粗取精,把好句好段和好的思想吸收了,把不好的语言和思想剥离掉。看什么书也很重要,看不健康的书,就容易吸收不好的。就像《蜡笔小新》这部漫画,我认为这是给成年人看的休闲读物,而现在看这本书的都是缺少判断是非能力的儿童,以至于学了里面一些不良的语言方式和行为习惯。所以，我方认为"开卷未必有益"。

"文德七彩虹论坛"的活动

　　像这样的辩论赛，在文德路小学不是偶尔一两场的事情，而是文德路小学"文德七彩虹论坛"的常态活动。

(二)像彩虹一样的论坛

　　为什么会有"文德七彩虹论坛"？

　　从2002年到2008年，对于如何创新德育运行方式，培养学生良好的语言表达能力、思辨能力，以及提升道德认识水平，文德路小学进行了初步的探索。学校建立了"QQ论坛"，经过几年的摸索，取到了一定的效果，并初步形成了小学生开展论坛活动的模式雏形。

　　2008年，学校把"QQ论坛"正式更名为"文德七彩虹论坛"，目标是通过开设论坛活动，锻炼学生的语言表达能力，培养学生的思辨能力，提升学生的道德意识，并在实践中不断检验着这套论坛操作模式的可行性。

　　"文德七彩虹论坛"都"论"些什么？

由于论坛参与者是小学生，所以根据目标，所选取的议论的内容主要有社会热点、学生关注的问题、学生成长问题、具有争论性的问题等。例如，"父母的压力是否有利于孩子的成长""小悦悦事件""校巴事件""网络游戏的利与弊""微博的利与弊""做作业时是否需要父母陪伴""学生的成长在于学校教育还是家庭教育""什么样的人才能当好队干部""学生干部的成长与压力""奥数特长生是否应该享有升学特权"……

"文德七彩虹论坛"如何操作？

在操作类型上，"文德七彩虹论坛"根据操作的难易程度和人数范围，分为大队论坛、年级论坛和中队论坛。

大队论坛：全校学生共同参与，由大队部组织，大队委主导。

年级论坛：在操场进行，由年级定题，并进行组织。由于是同年段的学生，所以对于话题的选定和发言的水平都比较容易统一，有利于学生大胆地进行发言。在操场上进行，还可以活跃校园的广场文化。

中队论坛：利用中队活动进行，由大队部或中队自己定题。

在操作方式上，"文德七彩虹论坛"根据主题和学生的年龄进行调整，主要有两种方式。

第一种是辩论式。这是学生最喜欢的一种，因为具有争辩意味。但由于小学生的年龄特点，所以未必需要采取正规的辩论模式，可以进行一定的简化，并且增加群众讨论的环节。可以说，为了提高活动的实效，扩大活动影响层面，群众讨论的环节才是整个论坛的精华所在。

活动进行时，首先根据辩题，设主席一名，正反双方各四名左右的坛主。在活动过程，先由双方一名同学进行观点陈述，然后双方轮流进行陈述、盘问。接着是群众发言，群众可以支持任何一方，但必须要说得有理有据。在实践过程中，坛主的观点和话语要起到的作用，就是把一块块石头抛向平静的湖面，激起无数思辨的水花。在讨论的过程中，坛主也可加入，但这个加入也是为了投掷下更多的"石头"。最后由主席进行总结，还可选出优秀的坛主。这样的形式比较适合学生自身遇到的一些实际学业情绪问题，如"父母的压力是否有利于孩子的成长""奥数特长生是否应该享有升学特权"等。以上示例，即以这一操作方式进行。

第二种是讨论式。首先也是要先选出主席，然后根据议题，可选出几个持有不同观点的坛主。各坛主可先陈述自己的观点和理据，然后台下的群众可以表达支持哪一方，同样要说得有理有据。当然，群众可以表达不同的观点。这样的方式比较适合一些社会热点的讨论，如"小悦悦事件""校巴事件"等。

在组织论坛的过程中，我们认为，对比由中学、成人等组成的论坛，小学生论坛的受众面应该更广一些，大部分的学生都有机会得到锻炼，而不是只有成为坛主的学生才能得到锻炼。所以应该注意增设观众讨论的环节，也应该让坛主明白，他们除了做领头羊以外，更应该承担起激发队员思考的重任。只有这样，论坛才会发挥出更大的作用。

"文德七彩虹论坛"是否很有效？

随着"文德七彩虹论坛"的实施，"文德学子"的思辨能力得到了切实的提高，也更加懂得了如何辩证地看待身边的事情。例如，微博、平板电脑等许多新鲜事物的出现，吸引了不少学生的目光，他们在论坛上对这些事物的利与弊做出了详细的分析。他们认为，所有的事物都有两面性，都是一把双刃剑，最终能发挥什么样的效果，关键看使用的人。在大队委竞选的舞台上，学生们也开设了"什么样的人才能当好队干部"的论坛讨论活动。队员们通过台上台下的热烈讨论，对于队干的角色定位、职责也有了更高的认识。他们认为，具有服务意识、责任心和工作能力的学生，才能当好队干部，而不一定只是学习成绩好、会表演就行，而且这是为队员服务的岗位，绝非官场。

经过几年的实践和检验，"文德七彩虹论坛"的操作模式也得到完善和提升，并在师生心中成为一种可操作、效果高的活动模式，融入了大队活动、班队会，甚至语文课中。例如，举行大队委竞选时，大队部会以论坛来取代才艺表演，这样更能凸显出候选人的思辨能力。在班队会或者语文课上，有时大家会因为对某个话题意见不一而马上开坛，进行讨论。

157

在有关"小悦悦事件"的论坛上，队员们对于路人的心态、家长看护儿童立法、救护的常识、媒体舆论的引导等进行了深入而大胆的讨论。台上妙语连珠，语出惊人，台下的掌声不断，连路过的教师都忍不住驻足观看。

曾经观看过论坛讨论现场的《广州日报》的记者惊叹道："在如此开放的活动中，队员的思维深度和反应速度真令人诧异！"

三、荣光耀彩的星带

如果你参加过文德路小学的散学礼，你就会看到"全校金黄一片"的景象，那是"文德学子"佩戴着"五星"绶带。

家长、学生、老师一起上台，以访谈的形式引导学生讲述自己"摘星"的过程，分享"摘星"的喜悦。摘得"五星"的学生面带笑容，自信地分享"摘星"历程。

一次，一名仅获得两颗星的家长和孩子一起上台分享他们的喜悦，更是吸引了师生的眼球。虽然只是两颗星，但孩子已经为自己经过努力，能站到舞台上和大家分享而感到十分自豪和兴奋。家长认为，这是孩子努力的结果，不过他也通过这个结果看到了自己孩子存在的不足。他鼓励孩子在下学期朝着弥补不足的方向努力，相信孩子通过努力最终能摘取"五星"。

教育学家斯普朗格说："教育绝非单纯的文化传递，教育之为教育正在于它是一个人格心灵的'唤醒'，这是教育的核心所在。"

所谓激励，就是指运用各种有效手段，激发人的热情，调动人的积极性、主动性，发挥人的创造精神和潜能，使行为朝向组织所期望的目标而努力的一种心理因素。

文德路小学用"五星"绶带"唤醒"学子的人格心灵，可谓一种评价创新。说起这一创新做法，还得回到当初。学校创新的契机，实际上来自社会对"三好学生"评价体系的热议。

随着素质教育的全面推进，越来越多的人对已开展 50 多年的以

"德、智、体"为标准的"三好学生"评选活动产生了质疑。以往的"三好学生"评定方法较单一，较为侧重学生的学习成绩，而忽略学生的多元智力发展。同时，班主任是主要的评价者。这样的评价体系，使很多学生觉得成为"三好学生"是可望而不可即的，特别是使学习中等的孩子失去了一部分前进的动力。

为了"让每一个学生都得到发展，使他们有一个智慧的人生"，文德路小学在评价体系的构建方面进行了探索。经过对老师、家长、学生等多方面的调研，多次修改后，学校于2006年制定"文德好学生"评比方案，并进入实践阶段。学校提出了"三好学生"的新定义：阳光的、全面发展的、有特长的"五星级"学生。所谓"五星"，包括阳光之星、学习之星、健康之星、艺术之星和科技之星。

阳光之星：热情，团结快乐的；有爱心，会感恩的；负责任，守规则的。

学习之星：主动学习，兴趣高的；勤思考，会合作的；习惯好，基础扎实的。

健康之星：讲卫生，少生病的；常运动，有强项的；爱自己，体质达标的。

艺术之星：喜欢参与的；大胆表达，静心欣赏的；琴棋书画，展示强项的。

科技之星：积极参与科技环保活动的；认真观察，常问为什么的；喜欢小制作，能做小实验的。

学校根据学生平时在各方面的表现，分别奖励给他们不同的"星星"。孩子们只要把"五星"集齐，就能成为"三好学生"。学期初，学生与家长一起订立目标，期末进行总结评价。上学期进行五个单项评价，下学期进行"文德好学生"的综合评价。

实施中，我们并没有降低门槛，而是让评比更加细化和具有可操作性。例如，孩子通过艺术展示，加上期末的水平测试达到"C"级以上即能获取"艺术之星"。期末的时候，由考评的教师将数据交给班主任，班主任在散学典礼前将各类"星星"颁发给每一个学生，让他们回去将本学期获得的"星星"挂到"荣誉带"上。在散学典礼当天，每一名学生都会把"荣誉带"戴在身上，从而感受到自己努力的结果，感受到成功的喜悦。

这一"五星"绶带式评价，打破了传统的评价方式，不仅可以让学生毛遂自荐，还请来家长到校参与"五星"评比活动，搭建了家校互动平台，让家长在了解自己孩子的同时，通过观察其他孩子的情况，进一步了解同年段孩子的表现。在全面量化"三好学生"标准外，学校还给学生提供了进步阶梯，推动了学生的全面发展。

"五星"学生评价模式的创新，凸显了心理教育品牌的优势。它面向全体学生，为培养全面素质协调发展、具有终身学习能力的创新型人才，奠定了坚实的基础。这一模式有利于打造"文润德泽"的校园文化，营造和谐快乐的教育氛围，让每一个学生的个性和特长得到发展，感受到自主发展中成长的快乐。"阳光＋全面发展＋特长"的培养目标指向清晰明确，给了学生一个努力的方向。

对此，文德路小学原校长郑伟仪在接受新闻报社记者采访时说道："这样的评价能让孩子有信心做得更好，在自我暗示下不断取得进步。"郑校长还说："孩子最需要鼓励，但是很多学校却没有相应的鼓励机制，使孩子难以发现自己的闪光点。"

二年级班主任李老师说："现在很多学校把'三好'扭曲成'一好'，谁成绩好，谁就是'三好学生'。学校以'五星'代替'三好'，而且不再局限于学生的校内表现，把学生作为一个社会人来评价，这种评选方式是比较符合实际的。"虽然有个别家长担心，新的评价方式会增加孩子的负担，但大部分家长都对新的"三好学生"的评价表示欢迎。一位家长就认为："学校新的评价体系，是一种正面的激励机制，对学生的成长很有帮助，值得期待。"

在了解文德路小学的"三好学生"评价体系后，广州市少年宫有关负责人认为："这是一种与时俱进的教育观念的体现。传统的'三好学生'

的评选标准只有'道德、学识、运动'的评价量化指标，但文德路小学的新方法则把'审美、合作'也包含其中，符合素质教育的精神，在实施中也有助于素质教育在该校的推行。"

美国心理学家马斯洛认为，自我实现的需要（如寻求自我满足，发挥最优潜能的需要），是人的最高层次的需要，可以引发最强烈的学习动机。因此，我们尽可能地创设条件，搭好必要的具有挑战性、创新性和能获取成就感的平台，让学生"跳一跳，摘到桃子"，有利于学生在需求被满足的基础上健康成长。

第二节 文德社团的百花绽放

一、童眼世界的科技

童眼，不单是孩子的眼，更应该是教育者的眼。

科技的世界千奇百怪，总能吸引孩子那双充满好奇的眼睛，而文德路小学的科技教育，不但能吸引学子的眼球，更能磨炼学子的意志，培养学子的综合素质。

文德路小学的科技活动可丰富啦！无线电测向、遥控车模、电脑机器人、科技创新，还有每年最让师生期待的科技节，真叫人眼花缭乱，流连忘返……

（一）无线电测向：像捉迷藏一样好玩

无线电测向运动原本是竞技体育项目之一，也是无线电活动的主要内容。它是现代无线电通信技术与传统捉迷藏游戏的结合，大致过程是：在旷野、山丘的丛林或近郊、公园等优美的自然环境中，事先隐藏好数部信号源（即能发射无线电波的小型发射机），定时发出规定的电报信号；参加测向运动的人手持无线电测向机，测出隐蔽电台的所在方向，采用徒步方式，奔跑一定距离，迅速准确地逐个寻找出这些信号源；以在规定时间内，找满指定台数、使用时间少者为优胜。通常，我们把实现巧妙隐藏起来的信号源比喻成狡猾的狐狸，因此这项运动又称无线电"猎狐"或抓"狐狸"。

无线电测向竞赛十分有趣，像玩捉迷藏游戏似的，运动员忙碌地测听、奔跑，漫山遍野地去搜寻一个个隐蔽电台。无线电测向竞赛也十分神秘，竞赛区域保密，电台位置保密，运动员在竞赛过程中独立思考和运动，得不到教练员的指导，也不许接受任何人的任何帮助和提示。只有测向机是运动员的忠实伙伴，向"主人"指示一只只"狐狸"的藏身之处，引导"主人"一一抓获它们。

这样的"捉迷藏"，孩子们喜欢吗？我们来听听，文德路小学 2013 届毕业生吴睿涵和 2014 届毕业生陈学臻是怎么说的。

也许你们很难想象，刚刚加入测向队时的我，几乎可以用"不学无术"来形容，找齐台对我来说是一件非常困难因此值得庆祝的事情。在我最失落最想放弃的时候，是吕主任和队友们的安慰和鼓励使我坚持了下来，并发誓一定要学好测向，不辜负大家的期望。

如我所愿，在认真对待起来后，我的成绩突飞猛进，大家都很欣慰，我也很兴奋。从那以后，努力学测向竟成了一件非常热血的事。随着在比赛中的名次逐渐提高，我也越来越努力。在那年的市赛中，我出乎意料地夺得了 2 米测向的冠军！

现在的我虽然已经毕业，但还是十分想念我的教练和队友。我忘不了他们在我最低谷时给予我的信赖与支持！特别是吕主任，他对待所有的队员们都一视同仁，不会偏袒谁，也不会冷落谁，就是这种态度使我感动，也成了我认真训练的动力。（吴睿涵）

在测向队这个大家庭里，留下了我一串串坚实的脚印。在这三年里，我也曾经想过放弃，但我每次想起班主任陈老师对我们说的"成功的路上并不拥挤"时，我就会打消这个念头。在多年的训练中，擦伤是常有的事，摔倒已经习惯了。有时阳光暴晒，有时风吹雨淋。不过不管再苦再累，我都能体会到无线电测向带给我的乐趣，并从中收获成功的喜悦。

在刚刚过去的全国赛中，由于各种原因，我没参加"猎狐"和2米的两场比赛，只剩下80米和团体赛。我们组由赵昊哲、黄嘉琦和我组成。第一天是2米团体，我们组只拿了第七，但是我们并没有相互责怪，而是一起总结经验，重新分区，努力跑好80米，最终我们拿到了第一名。这个第一名，来之不易，离不开每个人的努力。同时，我也要感谢一直栽培我的测向队的老师，尤其是吕主任。

测向锻炼了我的毅力，增强了我的体能，发展了我的智力。当年，测向队成员很多，如今已经减少到了三四个。的确，成功的路上并不拥挤！（陈学臻）

因为喜欢，因为感动，无线电测向队伍连年壮大，从2008年最初的40多人发展到2014年120人，学校每13个孩子里就有1个是无线电测向队员。由于测向队表现突出，更是连年获奖。2009—2015年，无线电测向队每年参加市、省、国家级锦标赛和阳光测向大赛，获得冠、亚、季军以及各级奖项数以百计。其中，2013年和2014年连续两年在全国锦标赛中获得团体冠军。

这样的队伍，正如吕恒教练所说，它的成长之路，就是因坚持而走向胜利之路。

2013年8月8日，历经磨炼，在江苏连云港灌云县的颁奖仪式上，号称历届实力最强的文德测向女队终于举起了全国大赛金灿灿的冠军奖杯，受到全场观众的欢呼与祝贺。这金杯，她们足足等了四年！

2009年首次参加国赛，文德测向男队即迎来辉煌，独揽两项团体冠军！当男孩子们在领奖台上意气风发之际，人丁单薄的女队员们只能在台下暗自神伤……无线电测向对大部分男孩来说是非常有吸引力的项目，能依靠机器听着信号在公园里像寻宝一样寻找电台多有趣呀！每次新生报名，男孩子都非常踊跃。而女孩一般只有在尝试过后，才会慢慢爱上这项活动。因此，在组建队伍的过程中，女队员的流失会特别严重。但真正能坚持下来的，必是个中高手！正是男队夺冠的荣耀，吸引了这批女孩子踏入测向队的大门，开始了她们的测向之路。

对于心智尚不成熟的孩子来说，成年人眼中并不太难理解的测向技巧和过程是比较复杂的。因此，为了学习和提高测向技术，队员们必须保持长期的训练。在每周一次的外场训练，每天一千米的体能训练中，日晒雨淋是家常便饭，蚊叮虫咬也习以为常。这些对女孩子来说，的确是不小的考验。而最让人难过的，莫过于付出了一两年的时间，看着身边的队友逐渐成长，自己却总是摸不着门道，感觉依然在原地踏步。这使不少队员心灰意冷，萌生退意。殊不知，风雨过后就是彩虹。

经历一两年，甚至两三年的沉淀和积累，不少同学在六年级时才迸发出惊人的能量，一下子从丑小鸭蜕变成白天鹅！国赛夺冠团队的吴睿涵、朱沿铮同学都是这类后发制人、大器晚成的例子。跟她们同期入队的丁尹姿、高意心都是天赋很高的孩子，在一年左右的训练后已经表现出很强的竞争力，四年级就在国赛场上有突出表现，是学校领奖台上的常客。而吴睿涵、朱沿铮两位同学并没有因此而气馁，她们虚心学习别人的长处，坚持训练，认真总结，从五年级开始逐渐拉近与优秀队员的差距。天道酬勤，吴睿涵同学在六年级夺得市赛、省赛多项团体、个人桂冠，国赛上与朱沿铮、高意心组成的接力团队更是力压群芳，一举夺魁，为文德测向女队捧回首座国赛团体冠军奖杯！胸前那块沉甸甸的金牌，饱含了她们四年刻苦训练的汗水，铸满了永不言弃的信念。

然而，冠军不是终点，是下一站的起点。荣耀属于过去，目标永在未来，文德测向快车必将继续葳蕤前行！

(二)科技创新：小脑袋的大智慧

科技源于生活，又可以改善生活。在生活中遇到各种问题和困难时，如果我们能动脑筋想新办法去解决，就是一种创新。而科技创新活动，就是把新点子加以整理。如果制造出别人没有的产品，那就是小发明；如果总结出别人没有总结出的道理来，那就可以写成小论文；如果能把想象到的画面画出来，那就是科幻绘画！

文德路小学除了无线电测向活动外，还有科技创新、电脑机器人、

科技队

遥控车模等活动，成就了一群科技创新小达人。例如，《对广州城市"飓风树倒"现象的思考——探究让绿化树"安居落户"广州有效的方法》（李均阳、张浚彬、牟进智），《多功能智能粉刷（家居）储物盒》（蔡宇轩、牟进智、袁天昊），《食品塑料包装——一个被忽视的安全问题》（叶亮宏、陈悦彤、陈奕璇），《捍卫舌尖上的安全，对水产药物残留 say no》（黄怿彤），这些作品在广州市的青少年科技创新比赛中频频获奖。黄怿彤同学的作品可厉害啦，还代表广州市参加广东省的比赛呢！

在这些作品的创作过程当中，教师和学生一起合作，搜集和整理资料，制作和测试作品。例如，在研究让绿化树"安居落户"广州的有效方法时，辅导员李老师利用课余的时间，带学生在广州城区里到处观察和测量记录绿化树的情况，了解树种与种植方法，通过实验寻找解决盆栽树容易被飓风刮倒的问题。通过不断思考尝试，大家找到了竖井法这个种植方法。在研究食品包装对人们的影响时，邵老师带领一班同学到广州城市技术学院去找专家咨询，参观实验室，并在江博士的指导下进行了一系列实验。学生都觉这样的活动很有趣。

每年"六一"前夕，就是文德路小学举行科技节的时候了。有的活动

165

项目，教师会提前一段时间让学生准备，如环保服装秀、高楼降落伞、保护鸡蛋、建筑模型制作、环保话剧等；更多的活动项目则在科技节当天才闪亮登场。面对各种有趣的科技活动，同学们兴奋极了。

记得 2015 年的科技节，在第一个现场表演活动环节，越秀区少年宫老师们操控航空模型的精湛技艺，博得了同学们雷鸣般的掌声，一下子把活动气氛推上了高潮。飞机模型就在学生头顶上来回盘旋，时而俯冲，时而翻滚，逗得学生总想跳起来摸摸飞机，似乎也想让飞机模型把自己带上天。紧接着的机器人舞蹈秀动作灵巧生动、无线电测向冠军现场 PK、寓意深刻的环保剧以及创意十足的环保时装秀、因废利旧小制作、发明创造与科幻绘画、可爱的动植物展示、巧妙的保护鸡蛋装置、精致的竹木仿真建筑模型展示、神奇的吹泡泡等表演，又一次次赢得了现场大小观众的热烈掌声和欢呼。

在第二个环节"科技体育游园体验活动"中，全校同学手持《活动指南》穿梭于分布在校园里的车过龙门、任我飞翔、神奇大巴、科学电影、健康厨神大比拼、科技大篷车、电脑机器人、魔尺强人、魔方高手、T字谜团、占领阵地、垃圾分类、星空探秘、神奇药水、神秘液体、一站到你、微小世界、科学灯谜、酸碱测试、土制电话、简单电路、虫霸天下等 30 多个体验项目，通过完成各种体验项目任务赢取奖章积分，在各项体验活动中尽情汲取科技体育活动带来的欢乐和养分。这么多活动项目，光是看名字就够吸引人的了。同学们争先恐后地到各个活动地点排队参与，其中由区少年宫主持的科技大篷车、电脑机器人展示以及由文德路小学师生主持的健康厨神大比拼、神奇药水、虫霸天下、星空探秘、微小世界、酸碱测试等活动都极受大家的欢迎。

就是这样，文德路小学用各种科技活动以及科学课堂，让学生爱科学，学科学，用科学，让科普之花一次次在学生心中绽放……

二、玩出名堂的爱好

天才的秘密，在于强烈的兴趣与爱好。人一旦对某一事物或活动产生了兴趣，就会以积极的情感态度和强烈的心理渴望认识事物或参与活动。

2014年9月，文德路小学的全校师生把兴趣与爱好"玩"了起来。

中国传统上有"业精于勤，荒于嬉"的观念，对于"玩"，人们多半采取贬抑、负面的态度。但是越来越多研究发现，"玩"对于孩子各方面能力的培养、人格发展、知识学习等有许多正面的重要的影响。

学校搭建了让学生成为主角的兴趣课，从学生的天性出发，创造学生喜欢的学习氛围和学习环境。真正优质的教育，更要从学生成长及发展规律进行深度审视，人的发展理应成为课程教学的出发点和落脚点。于是，学校为学生创设这种学习的氛围和学习的环境，让学生在玩中学，在玩中悟，在玩中发现自己的兴趣爱好。

根据学生的年龄特点，充分利用社区资源，文德路小学为一年级学生开设了走进图书馆的课程，为二、三年级学生开设了22类课程，为四至六年级学生开设了35类课程。这些课程主要如下：

超级篮球会	驴友旅行社	神奇的数字
乐器也疯狂	淑女成长馆	新闻采编社
天籁之音堂	英语歌咏会	动漫小剧场
书法艺术家	刮刮画高手	绘本分享营
武术大联盟	粤讲越精彩	黏土变变变
机器人工厂	升级小能手	剪纸小能手
电脑绘画家	英语表演秀	茶艺博物馆
测向群英会	魔方体验馆	神奇的线条
创新小天地	数学大迷宫	五星西餐厅
英语电影展	扇面书画馆	心理游戏营
影视与评论	迷你高尔夫	书香故事屋
创意生活馆	超级舞林会	……

　　到了星期二下午第二节课，孩子们背着书包，来到各自的小组，和志同道合的同学、老师一起玩耍。老师和学生们一起玩，玩出了精彩！

　　于是，在这里，学生"玩"出了自信。这里没有规范的课本，没有标准的答案，没有固定的模式。这节课是由小组的同学在开学第一节课一起制定好方案，然后根据方案，按照行动研究法开展研究。在这里，你可以是司令，指挥小组研究的方向；你可以是参谋组内负责出谋划策的人；你可以是主角，站到台上介绍小组的研究成果……每个人的体验、感悟和关注点不尽相同，但是，每个人都可以尽情地表达和尝试自己的思考。在"玩"中，学生学习如何整合他们的想法、印象、感觉与经验，他们在"玩"中创造了属于自己的世界，并与他人分享。尤其，在自我引导的过程中，学生感受到了自己的能力，产生了自信。

　　于是，在这里，学生"玩"出了乐趣。缤纷多彩的课程旨在拓展学生的各项素质：老火靓汤馆、广府剪纸秀、粤讲越精彩等广府文化课程，让学生在"玩"中传承广州文化；茶艺博物馆、书法艺术家、扇面制作社等中华文化课程，培养学生国学文化的底蕴；五星西餐厅、神奇美食屋等饮食文化课程，带给学生舌尖上与文化上的双重享受；新闻小主播、书香故事屋、英语电影展、数学大迷宫等学科文化课程的开设，使学生在巩固知识的基础上更上一层楼；方寸大天地、淑女成长馆、驴友旅行社、升级小能手等生活文化课程，从生活出发让学生们都成为精彩生活、乐行天下的小能手。

　　于是，在这里，老师"玩"出了兴趣。通过兴趣选修课，学校的老师也"玩"出精彩，发挥了自己第二专业的特长，得到了许多教育教学的启发。在"玩"中，老师与学生一起享受自己的兴趣。谭老师是一位语文老师，在兴趣课中她教学生玩黏土。课上，师生合作用黏土构建不同的主题——神奇的海洋世界、美丽的小蛋糕、DIY 镜框……几节课下来，学生越来越喜欢神奇的黏土，每逢在楼道碰到谭老师，孩子们都会追问她："这个星期我们玩什么？"

　　在"玩"中，老师注重学生的成果积累，让学生在玩中学，在玩中悟。通过兴趣课的开展，学生的视野得到了真正的拓宽！

把握教、玩、习三者的平衡，才是最好的学习。

文德路小学在开展兴趣选修课的基础上，将成熟的选修课程组建成学生社团，让志同道合的孩子们能够在社团中"玩"出乐趣、"玩"出文化。

三、蜚声国际的合唱

2015年是文德路小学合唱团成立30周年。回顾这30年的道路，经过几代"文德人"的不懈努力和执着追求，从弱小到强大，从优秀到卓越，从国内走向国际，学校合唱团在成长的道路上一路辛勤，一路欢歌，收获了丰硕的成果。

自2006年起，合唱团远赴奥地利、韩国、美国参加了世界合唱节、世界合唱大奖赛，共获得金奖三个，银奖两个；在全国艺术展演中获金奖一个；在省级比赛中获一等奖三个；连续十三届参加广州市学校合唱节获得一等奖，被授予"十三连冠"的称号。

合唱团参加2014年国际合唱节

一个个奖项，记载着合唱团师生辛勤的汗水和智慧；一张张光盘，刻录了孩子们天真纯净的笑脸和天籁般的歌声。孩子们用音乐这种世界语言铸造了文德路小学的艺术品牌，成就了一个个艺术的梦想，凝聚了彼此的友谊。我们看到孩子们精神的成长要比合唱本身单一的艺术演唱价值，更为宝贵。

秉承"一切为了孩子的未来"的办学宗旨，在"文润智慧，德泽心灵"办学理念引领下，文德路小学以开展丰富多彩的艺术活动陶冶学生的性情，润泽学生的心灵。学校的艺术特色项目——合唱，立足课堂打基础，面向全体搭舞台，重点培训出成绩，形成以课堂为载体，以班级合唱为基础、校际合唱队为重点、实施梯队式的合唱团队建设模式。在黄锦萍、刁志君、陈妙华几任老师的带领下，传统与现代的合唱艺术相融合，练就了一批具有较高音乐素养的学生，让每一位学生在不同的队伍中、不同的舞台上，都能乘着歌声的翅膀，在广阔的音乐世界自由翱翔。

是的，歌声润泽心灵，陶冶了"文德学子"的性情。"音乐教育不是培养音乐家，首先是培养人。"合唱作为艺术教育重要形式，一方面通过演唱优秀的合唱作品，体会其中所表达的深刻含义，能使孩子们的心灵得到净化，情操得到陶冶，人格得到提升；另一方面，合唱训练还能舒缓学生的课业压力，歌声能放松学生的心情。文德路小学形式多样的面向全体的班际、级际、校际合唱活动，从每周一升旗礼的全校师生国歌、校歌大合唱，到庆"六一"班际合唱比赛、班际带动唱比赛、大课间活动的班级拉歌比赛……动听的旋律激发了师生的爱国热情和积极向上的精神面貌。任何品德教育如果没有情感的基础，只能成为空洞的说教。合唱依靠鲜明的节奏、优美的旋律、丰富的和声、美妙的音色来表情达意，最能触动孩子的情感，震撼孩子的心灵，从而实现品德教育。合唱团的发展目标和孩子的追求是一致的，他们将一直唱下去。

是的，歌声启迪智慧，提升了"文德学子"的智力。音乐是启迪智慧的钥匙，能促进智育的发展。爱因斯坦说过："真正的科学和真正的音乐要求同样的思维过程，如果我在早期没有接受音乐教育，那么无论什么事业都将一事无成。"当孩子打开音乐课本，要在最短的时间里，把眼睛看到的音符以及乐谱上的各种标记反映到大脑里。大脑要立即发出指令，用声音表达出来，同时耳朵要注意自己与身边同学声音的配合、效果，从中找到和谐。在周而复始的过程中，孩子的大脑得到了锻炼，思维也更活跃了。合唱训练时对作品的理解、对音乐的表现手法的把握，无不在调动学生的注意力、记忆力、想象力和创造力。唱歌也许占用了学生的课余时间，但事实证明，参加各种团队训练的孩子比不参与团队的孩子更懂得合理安排时间，提高学习效率。

是的，歌声成就团队，磨炼了"文德学子"的意志。当今，独生子女在人际交往和团队协作等方面，明显表现出集体主义精神的缺失。合唱要求声部之间要和谐统一，不能喧宾夺主，一味彰显个性。只要一位队员有不协调的表现，就会影响整个团队合唱的效果。这就要求每个队员既要有独立的声部观念，又要有整体意识，合唱的音色、节奏、力度、速度不允许有半点随意。所以，在合唱的排练与演出中，每个人必须各守其位，相互配合。合唱活动培养团队合作精神，激励每一个合唱成员认识和感受集体的凝聚力和大家庭的温暖，从而改变散漫、随意、自我等习惯，学会与人沟通，增强互相合作的能力。的确，"一分耕耘，一分收获"。孩子们就这样在一次次磨炼中得到了成长。

是的，歌声传递友谊，开阔了"文德学子"的视野。在一次次的合唱比赛中，孩子们在台上尽情地展示自己的实力，在台下静心聆听，如海绵般吸收不同合唱队伍的演唱经验、技巧，不断提升自我。在交流活动中，他们以音乐这种无国界的语言，结交来自世界各地的朋友，共同谱写和谐的乐章，也收获了来自各方的友谊。

意大利作曲家蒙特威尔第说："一切好的音乐都是为了拨动心弦。"回望过去的三十年，合唱一次次拨动了文德师生的心弦，引领着文德师生走进艺术殿堂，攀登一个又一个的高峰。今天，沿着这条音乐之路，文德师生正以崭新的标准、不断创新的精神，朝着更高更强的目标而努力，准备开启新的乐章！

第七章

"文德"闪光

文采风云建九流，
德高望重育贤斋。
路通五洲跨四海，
小计育才逾五代。
学子峥嵘严师带，
魂泅经典苞蕾栽。
永屹神州风华茂，
存飚天宇继开来。[1]

[1] 《母校颂》，作者区敏果，文德路小学五二届学生。

第一节 童彩耀眼的办学光芒

一、童心满怀的发现

文德路小学的孩子和其他学校的孩子一样，长着清澈明亮的眼睛，却有着不一样的发现。"文德学子"的发现来自对家乡的热爱，对知识的渴求，对人生的思考……

(一)20 年前，文德学子的发现

时光回溯，20 世纪 90 年代，文德路小学的学生是什么样，他们有哪些发现？让"文德学子"来告诉我们吧。

儿童义工队成立大会

我是顺德人，自从改革开放以来，我的家乡就像一条沉睡惊醒的巨龙，忽然冲天而起。特别是邓爷爷南方讲话之后，家乡发展得更快了，一个个大公司、大企业相继出现，冰箱、空调等名优电器逐渐扬名海内外。这是邓爷爷给我的家乡带来的春天。（学生其一）

建国 46 年来，从北国到南疆，从高原到海滨，从城市到乡村，都发生了翻天覆地的变化。就拿我们学校来说吧，学校建设了一幢设备完善的新教学楼和两个大操场，又把一些新电教设备引进了课堂，像摄像机、录像机和能升降的桌椅等。（学生其二）

无论是看连环画还是小说，书中的主人公保尔·柯察金都给我留下很深的印象。他和他的战友在消灭国内外敌人的斗争中，克服了无数的艰难困苦，表现出极大的勇敢、智慧和坚毅。（学生其三）

通过这次观察日偏食，我懂得了日食是由于月亮在太阳前面横过时，在地球上看去，月亮挡住了太阳的光和热而形成的。听说日偏食要隔三年至三十年才发生一次，非常难得。我小小年纪就能看到日偏食，真是太幸运了！（学生其四）

这次独立喂养小乌龟的经历，使我知道了原来养小动物也有这么多学问。后来，小乌龟一天天长大，我学到的知识也越来越多了。（学生其五）

经过几天的仔细观察，我发现泥鳅除了可以用腮呼气以外，还可以用肠子呼吸。（学生其六）

(二)今天，文德学子的发现

今天，文德路小学的学生又是什么样的？走进学校，走近他们，随时可见他们的成长姿态。这里，也听听"文德学子"说说他们的发现吧。

苏州以水、湖而著称，大大小小的湖不计其数，成为古典与现代完美结合、古韵今风、和谐发展的国际化大都市。苏州的太湖，我去过。坐着独木舟漂过清澈见底的湖水，望着湖面，你会发现湖水是绿的，映着阳光，映着绿树，你会惊奇地发现这样的世界竟是如此美好。（学生其七）

互联网的利弊如何，是利大呢还是弊大呢？首先，我通过查阅一些书籍和互联网信息，发现人们对此有不同的理解。其次，我询问了父母的意见，并与他们进行了讨论。最后，我对班上的 14 位同学做了调查，询问他们主要使用互联网来做些什么。看来，互联网是利害并存的。正如事物总有正反两面那样，只有正确认识它，才能做到趋利避害。我们小学生应该用互联网来学习知识，少玩游戏，绝对不能上不良的网站。（学生其八）

现在，地球上的水日益减少。水的浪费是惊人的：一个关不紧的水龙头，一个月可以流掉1至6立方米水；一个漏水的马桶，一个月要流掉3至25立方米水。因此，我国无数水库和江湖的水在慢慢减少。我们要节约用水，不要让我们的眼泪成为最后一滴水。保护水资源就等于保护自己，也等于保护我们唯一的家园——地球。（学生其九）

快乐是什么？有人说，快乐来自内心的平静；有人说，要让自己快乐就要先让别人快乐；还有人说，快乐就是对生活的乐观，对工作的愉快，对事业的兴奋。对于我来说，快乐就是一个清闲的午后，坐在椅子上品一杯清茶。（学生其十）

科技节——连"航天员叔叔"都来为我们助兴呢！

20年来，"文德学子"用他们的眼睛、耳朵、大脑、心灵去不断地探索发现。他们发现的视野从学校走向世界，他们发现的工具从书籍走向网络，他们发现的主题从自然走向环保，他们发现的对象从动植物走向人类的内心……

二、童乐满身的创造

文德路小学的孩子与其他学校的孩子一样，都有着同样健康灵活的双手，却又有着各不相同的创造。"文德学子"的创造源于他们对生活的热爱，对荣誉的呵护，对卓越的追求……

(一)20年前，文德学子的创造

时光回溯，20世纪90年代，文德路小学的学生有着各种各样的创造，他们喜欢怎样的创造呢？还是让"文德学子"来告诉我们吧。

这是我第一次做甜汤圆。妈妈示范时，熟练地从糯米团上挖出一个小粉团，把它压扁成圆形，在中间添上些莲蓉、片糖，再把它搓圆。这样一来，汤圆就做好了。我见了，也像她那样做了第一颗汤圆。我心里有说不出的高兴，真想快点吃到这颗汤圆。一会儿，我已经包了十几颗了。那天，我吃着汤圆，感到胃里和心里都很舒服。（学生其十一）

广东省一级学校的牌子就要挂在我们学校门口了，这可是一块标志着荣誉的牌子啊！全体同学随着朗诵词内容把各自认真做的纸花时而举过头顶，时而置于胸前，时而快速地左右摇摆，时而有节奏地左右晃动。在这万紫千红的花丛中，有着无数张喜形于色的脸。（学生其十二）

这题好像很复杂，问95年内离951126最近的大顺日是几月几日？我从头到尾都试过了，可能由于太紧张了吧，就是找不到这个数。我把8月份的数再算一遍，还是没有找到。怎么办呢？豆大的汗珠从我的额头上掉下来。再看看这道题占8分，绝对不能放弃。于是，我又拿起笔，从头至尾验算了一次，足足算了三次，终于把这个大顺日找了出来。我高兴得差点叫出声来。（学生其十三）

我们小队经过热烈讨论，决定演小品《隆中对哑对》。不一会儿，其他同学都背好了台词，练好了动作。只剩下我，记得台词就忘了动作，做好了动作又忘了台词。于是，我沉住气，一遍又一遍地练习。小品上演了，我扮演诸葛亮。我稳稳当当地伸出一个手指，扮演张飞的苏宇凡一个箭步冲上来，伸出三个手指，答对了！最后我向大家宣布："一个手指表示一统天下，三个手指表示三国鼎立。""张飞"的解释却是："一个手指是说他请我吃一个大饼，我说要三个。"大家哄的一声笑开了。（学生其十四）

（二）今天，文德学子的创造

今天，文德路小学的学生同样喜欢创造。我们来听一听，他们又是怎样创造的吧。

我是学校科技队的一员，在小学六年的生活里，参加过许多比赛。其中最让我难忘的，要数我在科技队中的收音机制作比赛了。

随着裁判的一声令下，比赛开始了。我先把电阻、电容安装好，再把天线、调台器、耳机等零件装好，最后，我以32分26秒的成绩完成了收音机的制作。我试着用自己制作的收音机调试着，当广播员清亮的嗓音从收音机中播出的时候，我感受到完成制作的快乐。看这个简陋的小家伙，虽然简单，但是要清晰地接收到电台那真是不容易。现在，它经过我的精心制作，零件焊接准确，焊点清晰干净，没有一个零件弄弯曲了，很是美观整齐。

到发奖的时候了，我听到了自己的名字，我是一等奖！这一刻，我的心情无法形容，我深深感受到了成功的喜悦。（学生其十五）

20年来，每一个"文德学子"都用他们的双手和智慧进行着各项发明和创造，他们的创造从纸上谈兵走向实践运用，从奇思妙想走向发明设计，从学科知识走向生产生活……

三、童趣满园的未来

文德路小学的孩子有着与其他孩子一样的童心，却有着不一样的胸怀。他们心系祖国，志在四方。他们从小就懂得规划自己人生的重要性。"学会生活、学会学习、学会发展"的理念，早已扎根在他们幼小的心灵。

一届届"文德学子"从这所小学起飞，飞翔在祖国乃至世界的每一片天空，践行着他们曾经的诺言：今天，我以母校为荣；明日，母校以我为荣。

(一)20年前，文德学子有着怎样的未来

时光回溯，20世纪90年代，文德路小学的学生在追求兴趣爱好时有所发现，有所创造，而他们又想象着怎样的未来？就让"文德学子"来告诉我们吧。

我在双休日学本领。今年快到"六一"了，我在广东电视台参加现场直播节目。在"羊城社会公德小公民表彰晚会"上，我在小品《童真》里演主角。现在正排练做节目主持人。(学生其十六)

我望着日本皇宫，想起日本天皇曾发动一场残酷的战争，犯下了滔天罪行。今天，日本人民反省了过去战争的罪过，日本皇宫也最终成为和平友爱的象征。但愿日本人民牢记历史教训，跟各国人民世世代代友好下去。只有这样，我作为一位国际友人，才愿意与其他各国朋友一起前来参观日本皇宫，那纯朴的建筑才会更加迷人。(学生其十七)

"才两三年的时间，家乡就变化这么大，再过二十年，您说它会变得怎么样呢？"爸爸乐呵呵地说："具体变得怎么样呢，我也说不出来。总之，等你长大了，要好好规划规划，将家乡建设得更美更富裕。你说呢？"我没有回答爸爸，只是步子走得更大了，明显觉得肩膀上的担子更重了。(学生其十八)

今天，我到妈妈的工作单位——中国出口商品交易会——参观。外宾特别多，服务员中竟没有一个会英文。突然，我脑子里闪过一个念头：我懂英语，可以充当临时翻译。一位外国朋友在我的帮助下高高兴兴地买到了午餐。另一位外国人走过来，用生硬的中国话对我说："你

要好好学习，将来建设自己的祖国。"他这句简单友好的中国话深深地印在了我的脑海里。（学生其十九）

爸爸，你想不想知道将来我怎样用这些零用钱呢？这是个秘密。我想等我长大了，用这些钱买有用的书，用来学习，增长知识。如果我有幸能读大学或出国留学，我就用它来交学费。目前，我把钱存起来，就能从小培养自己理财的本领，养成勤俭节约的好习惯。（学生其二十）

（二）今天，文德学子有着怎样的未来

今天，文德路小学的每个学生同样有各自的兴趣爱好，并用童年的韧劲追求着各自的理想，都想预见各自的美好未来。我们来听听，他们如何筑梦吧。

我想当律师，因为我十分佩服律师一次又一次地主持公道，一次又一次地伸张正义。我对这个职业很感兴趣，自认为律师是一个神圣的职业。我知道要当一位好律师非常不易，所以，我要多阅读有关法律知识的书，争取早日当上律师。如果我当上了律师，我将会为人们主持公道，不让那些坏人逍遥法外。（学生其二十一）

我的理想是当伟大的发明家。读完爱迪生的传记，我就有了当发明家的念头。以后我当上了发明家，一定要发明很多东西造福人类。如果遇到什么困难，我一定会像爱迪生一样废寝忘食地努力工作，直到克服困难为止。大家有什么意见，我一定虚心接受。（学生其二十二）

甜品中难道有魔力吗？为什么人们品尝它后，就算心情再糟糕，也会有所好转？我开始有了成为甜点师的理想。假如我成为一名甜点师，我会在自己开创的天地里为人们呈现出一份份美味、精致、充满活力的甜品。让顾客坐在舒适、优美的环境中慢慢、细细地品尝甜品，愉快地与亲友聚会交流。我要用甜点让人们拥有愉快的心情，安心入睡。也许，现实与理想之间总会有一段距离，但我不会放弃。（学生其二十三）

"中国梦"，我的梦。我的梦是什么呢？我也有我的统一之梦、希望之梦、绿色之梦。

在这个统一之梦里，中国是这样的：没有分裂与动荡，没有矛盾和冲突，不论是钓鱼岛还是黄岩岛，都属于版图上那只报晓的雄鸡。

在这个希望之梦里，中国是这样的：没有孩子因为没有钱而不上学，就连留守儿童都受到良好的教育。无论在城市还是在乡村，校园里都荡漾着孩子们快乐的笑声。

在这个绿色之梦里，中国是这样的：没有被工业废气熏黄的树叶，没有被工业废水污染的小溪，一切都返璞归真。

这一个个梦想组合起来，就是中华民族的复兴之路，强盛之路。让我们用自己的实际行动践行我们的"中国梦"吧。（学生其二十四）

20年来，每一个"文德学子"，都有着心系祖国和民族命运的气度与胸怀。他们小小年纪就开始思考，长大以后如何为家乡建设和社会发展发挥自己的聪明才智。他们人小志大，人小志坚。

20年来，每一个"文德学子"，为了拥有更美好的未来，在筑梦的过程中，更具国际视野，更具全球意识，更贴近实现他们发自内心的愿望。

第二节　桃李满天的文德情怀

一、学力强劲的见证

漫步校园，变化真大啊！百年的大榕树见证着文德路小学的沧桑变化。德先生今天回到了母校。自从上次回来，多久了？

走在校道上，德先生沉默了。文德路小学前身是广府学宫的一部分。广府学宫建于北宋绍圣三年（1096），北起现中山四路的致美斋、十三中，南至文明路文德路小学、广州市第一工人文化宫，建筑规模宏大，雄伟壮观，有岭南第一儒林之称。1857年第二次鸦片战争期间，英法联军的长枪铁炮炸开了广州城，学宫毁于一旦。曾几何时，学宫就更名了？

迎接亚运会火炬

1933 年，文德路小学重建，至今已多次易名，不变的是"文德师者"敬业爱岗的情怀，不变的是"文德学子"好学进取的精神。

站在操场上，望着校外错落的旧民房，过去，家就在那里。那时，学童每天就在那里的祠堂上学、放学，琅琅的书声仿佛就在眼前。那平静的书院生活多么让人回味，日寇的铁蹄火炮粉碎了童年的梦，战火在祖国四处蔓延。学校被毁损了，学生们流离失所，有的辗转流离，有的加入了抗日的队伍。

德先生慢慢收回思绪。新中国成立以来，与母校一别就是 60 多年了。当年，老师在大榕树下敲打的大钟去了哪里？现在，榕树下换成了一块镌刻着"文润德泽"几个大字的石头，那是文德路小学办学的核心理念。

回想过去，入学时，文德路小学曾是"祭孔"的祠堂，当时五六岁的孩子对入学充满了希冀，私塾里老师就是用他们的"文"、他们的"德"时刻引领学生成长与进步。

看，迎面走来一个年轻人，他满脸笑容，走在操场上，仿佛洒满阳光，让人感到无比的温暖和快乐。他细细地向德先生介绍着，说新中国成立以来，虽多次易名，但文德路小学一直是区域内的中心小学。

提起文德路小学，大家都交口称赞，对于学校的办学显著成绩有目共睹。对于学校获得的众多荣誉，年轻人如数家珍。

德先生边听边回味，这么多年来，他一直留意着学校的新闻和成长。当听到文德路小学获得"广州市红领巾示范学校"的荣誉时，德先生仿佛又回到了学生时代……

1950年5月27日，文德路小学师生在中山纪念堂参加了广州市第一批少先队入队宣誓仪式。学校大队长朱永昌同学作为全市学生代表上台讲话。那句"时刻准备着，为共产主义事业而奋斗"的誓词，从此镌刻在孩子们幼小的心里。

1950年7月的暑假里，文德路小学队干们过了一个开心而有意义的假期，中队长以上的队干参加了"广州市第一届少年儿童夏令营"。

1951年6月1日，新中国成立后的第二个儿童节，文德路小学师生在越秀山接受了朱光市长对广州市少先队的检阅。部分少先队员代表参加了广州市第一个少年宫开幕典礼，还参加了少年宫举办的各项活动。

作为新中国的见证人，曾经的"文德学子"渐渐步入老年，但"文德师者"那点点滴滴的教育却时刻未曾被忘记。

德先生指着后操场的大楼，说道："这里原来是老师的办公室，原来都是低矮的砖木结构的老房子，课室连通，上课时互相干扰。不过那时上学的人不多，现在都不认识了！"

年轻人回答说："这是我们学校的综合楼，一楼是恒温泳池，学生四季都可参加游泳活动。二楼是多媒体阶梯室，学校的公开课、研讨课都在那里上。旁边有心理咨询室、沙盘室，驻校社工在这里为学生排忧解难。三楼有智慧课室、电脑室、网络控制室，是学校的信息中心。四楼、五楼有美术室和合唱室，是学校的艺术中心。"

德先生眼前一亮："哦？"

看出德先生的想法，年轻人继续说："以前，学校场地不足，在越秀区委、区政府的关心和帮助下，教学设施设备都紧跟时代更新换代了。您看，操场原来只有篮球场，现在拓出了两条环形跑道，让学生可以在阳光下快乐地奔跑，张扬个性，锻炼体魄。学校田径队、游泳队、棋艺队、武术队在赛场上成绩优异，向市、区队输送了大量人才。"

年轻人又说："除了体育，我们的艺术队伍也非常优异。有连续从第一届到第十三届广州市中小学生合唱节都取得第一名好成绩的合唱队。合唱队还多次参加世界合唱节，《摘菜调》等曲目获得少年组金、银奖等好成绩。有《大盘菜》《追逐声音》等舞蹈，多次获得广州市中小学舞蹈比赛一等奖。还有虽然起步较晚，但成绩不断提升，在区赛中名列前茅的管乐队。学校艺术团还代表广州市参加了全国艺术展演，获得第一和第三等奖的好成绩。"

德先生听得连连点头。离开母校几十载，学校变化真大呀！还有些什么变化呢？他默默地随着年轻人的脚步迈上台阶。沿着学校的楼梯，一张张学校活动的照片展现眼前，这是……

耳边再次响起年轻人的声音："我们学校每年都有各种各样的活动，让学生参与社会活动，感受社会变化，回馈社会。请看，这是探访独居老人，送上中秋月饼；这是到广西贫困地区捐赠字典；这是到社区推广垃圾回收知识的活动；这是在北京路花市义卖'福'字；这是在地处珠江新城的广东省博物馆进行社会调查（环保袋使用情况）；这是在广东省艺术博览院开展义务讲解员学习活动；这是……"

缝补衣服、钉扣子、麦兜、航天员？这又是什么活动？德先生心生不解。"老先生您看，这是我们学校的科技节。您知道当今世界科技发展日新月异，学生只有书本知识是不够的，也要让学生动起手来呀。学校科技节就是为学生搭建这样一个平台。补衣服、钉扣子是生活技能的训练。您看到麦兜了吗？哈哈！这是老师和学生的创意作品，通过遥控的方式，以学生感兴趣的人物形象展现一队卡通音乐组合秀。"

德先生边听边走，不知不觉就来到了二楼平台。一组平台吸引了德先生的目光，他抬头一看，水的循环？这是？他转过头望向年轻人。年轻人微微笑道："这是我们的环保科技平台呀。我们利用每层楼的梯间，按不同的主题设计不同的平台，等会儿您就会见到的。科技源于生活，影响生活，无处不在。有了这些直观感受，学生对科技活动充满了兴趣，学校科技队伍就有测向队、无线电工程、机器人队、创新小组、车模队等。其中，测向队在国家赛场上非常霸气，他们多人多次获得全国赛第一名，省赛、市赛更是不在话下，一个学期下来就有50多个奖项，是学校的明星队伍。机器人队伍限于场地，但人少精练，在市级比赛中也获得了好成绩。创新小组组建较晚，但成绩斐然，创新项目在2013年广州市创新大赛中获得第一、第三等奖的好成绩。"

德先生笑着连连点头。

二、文德真经的馈赠

德先生站在校史室，寻找着文德路小学留在自己脑海中的印记。

年轻人继续介绍道："学校秉承'一切为了孩子的未来'的办学宗旨，营造了'文润德泽，和谐快乐'的学校文化，实施了文化引领学校发展的战略。'文润德泽，和谐快乐'的学校文化，成为催生教师专业成长和学生生命发展的深厚土壤，成为学校人文传统与良好校风的根本之源。在文德文化的滋润下，孩子们全面、和谐、快乐地成长，学校的办学实力稳步提高，取得了丰实的成果，实现了新的飞跃，走出了一条有本校特色的素质教育之路，铸就了'文润德泽'的办学品牌，为教育实践提供了丰富的创新经验。广东省教育厅先后两次把文德路小学素质教育的实践探索报送国家教育部，专家评价说在文德路小学看到了素质教育最好的经验。"

1997年3月，时任国家教委副主任的柳斌同志由广州市教委主任叶世雄同志陪同来校视察，对文德路小学开展心理健康辅导的成效予以肯定，并为学校题写了"走全面发展道路，作素质教育先锋"的题词。

1998年4月，国家基础教育司原司长、中国教育学会副会长陈德珍同志到学校视察，给予文德路小学的办学成绩高度的评价，并题写了"科研的先锋，办学的楷模"的题词。

1998年12月25日，文德路小学举办"发展健康心理，提高学生整体素质"经验交流会，广东省原副省长王屏山在大会上勉励与会者，要认真学习文德路小学的经验，推进素质教育。

1999年12月，文德路小学"发展健康心理，全面提高学生整体素质"课题结题，国家教育部副总督学郭振友同志做了总结性发言，高度赞扬学校的实验具有时代性、实践性、科学性、示范性和前瞻性。

2002年5月，文德路小学成立首支广州市儿童义工队，时任共青团广州市委书记的骆伟峰等领导参加了成立仪式。队员们走出街头参加广州市义工联举办的义工社区服务月活动，受到广州市政协领导的勉励，广州市副市长也兴致勃勃地参加了学校小义工的活动。

2004年2月，共青团中央书记处书记、全国少工委常务副主任张晓兰等领导到文德路小学视察工作，对学校的德育工作给予了赞赏与肯定——德泽心灵，盛开了美丽的花朵。

2004年2月23日，广州市纪委相关领导，到文德路小学就学校开展"公共服务廉洁化"工作进行调研，高度评价了学校的活动能联系学生的实际，与家庭一起构建起教育的共同体，使得廉政教育形式多、覆盖广、效果好。

2013年4月7日，越秀区区长等领导莅临文德路小学指导工作。他们认为，文德路小学无论是办学质量还是特色发展，都取得了可喜的成绩，得到社会的认可，对越秀教育的发展做出了重要贡献。

（一）示范展示

"年轻人，我看到校门口挂着'广东省心理健康教育示范学校''广东省体育特色学校'的牌子，学校在这些方面都很出色吗?"德先生问道。

年轻人微微一笑，答道："学校于1994年开展'发展学生健康心理，提高学生整体素质'为主题的整体改革实验研究，构建'全员参与，全面关爱，全程辅导'的心理健康教育模式，1999 年 12 月通过全国中小学整体改革专业委员会的鉴定和验收，在社会上引起极大的反响。在审视和反思前段改革理论和实践的基础上，为凸显素质教育的重点是培养创新精神和实践能力，学校又以'人本、创新、优质——培育创新主体，实施优质教育'为课题，参与全国教育科学'十五'重点课题'引导学生自我发展的实践与理论研究'、规划课题'学校优质教育建设研究'的实验，推动了学校优质教育的建设。该课题于 2000 年 12 月启动，于 2005 年 12 月通过结题鉴定。与此同时，学校被定为教育部'十五'课题'团体心理辅导的实验基地'和'中国青少年素质教育研究实验基地'，被评为'省心理健康教育示范学校'，2010 年又成功立项全国教育科学'十一五'规划课题'小学生学业情绪干预策略研究'，并于 2013 年以优秀等级结题。通过大量的教学案例和活动方案，该课题既对学业情绪的相关研究进行了梳理，又对学业情绪干预策略构建的理论依据进行了挖掘，还形成了《小学生学业情绪干预策略研究》专著呢。"

"2008 年 11 月 26 日越秀区小学心理健康教育研究会在文德路小学举行了题为'推积极之门，与快乐同行'的现场活动。越秀区教育局领导及相关高校专家参加了本次活动。这次活动，充分展示了文德路小学心理健康教育的成果。"

"在开齐体育课程、开足体育课时的同时，创编各种既有童趣童真，又充满阳光活力的体育特色操，是文德路小学开发特色体育校本课程的一道亮丽风景线。2008 年 12 月 18 日，广东省'第三套全国中小学生系列广播体操教师培训'在文德路小学如期举行。包括领导、老师在内，共五百多人观摩了本次活动。"

"这次活动，从第三套中小学生广播操到自编操展示，到跆拳、武术展示，到校园集体舞展示，'文德学子'的动作整齐连贯、优美流畅。融体育与艺术为一体的特色操也以舞蹈音乐的美和欢乐感染着孩子们，更感染着每一位来宾。广东省教育厅叶部长、广州市教育局梁处长、越秀区教育局林局长等领导，忍不住赞道：非常精彩！很有水平！师生的精神面貌特别好！这是名校的风范！"

（二）交流提升

德先生记得以前文德路小学作为中心小学，总是会同国内外同行进行学术交流。如今，学校还有这些交流提升活动吗？面对德先生的疑问，年轻人介绍称文德路小学现在已经是"广东省名教育家工作室""广州市名教师工作室"，学术交流活动越来越多了。

2015年6月10日下午，"越秀区小学深化教育改革，提升教师专业能力研讨会（数学专场）"在文德路小学隆重召开，此次研讨会特别邀请了中国教育学会小学数学教学专业委员会会长吴正宪老师执教课例和作专题讲座。众多领导及教师代表近两百人出席了会议，会议由区教育发展中心副主任何咏燕主持。

首先，文德路小学黄丽芳书记以《基于积极学业情绪的数学学习》为主题，向与会的领导以及骨干教师汇报了文德路小学在全国教育科学"十一五"规划课题"小学生学业情绪干预策略研究"的引领下，开展深化教育改革，实现高质轻负的研究成果。小学教育是基础教育，其本质是基础性，学校要围绕基础构建有趣、有价值、学生喜欢的课堂。于是，学校抓住课前、课中、课后：课前，根据学生特点和教学内容，从调整思维状态、营造学习氛围、激活学习需要等方面，设计学习情绪调节活动；课中，通过抓住知识重点、设计核心问题、渗透数学思想、提升思维品质、培育核心素养等途径来增加学习的深度；课后，在读数学、玩数学（开展数学文化周活动）中拓宽学习的广度，提升学生积极的数学学业情绪，培育良好的学习素养。吴正宪老师高度肯定了文德路小学的改革实践，认为学校的很多思想做法都与她的观点不谋而合。

接着，吴正宪老师亲自执教课例"商不变性质"，在故事、统计图情境中，学生提出了本节课核心问题"商为什么不变"，在对话交流中引领学生自己思考、自己探索、自己概括总结，从而将一堂"构建数学模型"的数学课别开生面地呈现在大家面前。老师们无不为名师精湛的教学艺术所折服，巧妙的取样和生动丰富的评价语言不断迎来掌声、笑声。该

189

下课了，学生和老师还意犹未尽。数学课竟然可以这么开心、这么有意思！吴老师用实际行动做到了为每一位学生提供"好吃又有营养的数学教育"。

全国数学教育特级教师吴正宪老师授课

　　课后，吴老师将她在多年的教学实践中精心总结的儿童数学教育观与大家分享：小学数学不仅要让学生掌握数学基础知识和基本技能，而且要让学生掌握一些数学方法和规律，解决一些数学问题；数学教育要用教师的智慧不断唤醒、点化、丰富、开启学生的智慧，要以教师的人格魅力影响、完善、健全学生的人格；儿童该学能听得懂的数学，用儿童的话语系统解读数学、说儿童能懂的话、让儿童说自己的话。她告诉老师们：在育人的过程中，没有什么比保护学生的自尊心、自信心更重要；在学习的过程中，没有什么比激发学习兴趣、保护好奇心更重要；在交往的过程中，没有什么比尊重个性、真诚交流更重要；在成长的过程中，没有什么比养成良好的习惯更重要。她勉励老师们：有教无类是大爱，因材施教是智慧。吴老师带来的数学盛宴，不仅给予老师们专业上的引领，更有思维上的启迪和心灵上的震撼！

2015年12月10日上午，文德路小学举行了可视化学习行动研究课题的第一次课例研讨会，参加研讨会的有华南师范大学教育技术研究所所长李克东教授、广州市教育信息中心管思梅主任以及各实验学校的老师。

学校为此次研讨会安排了语文、数学、英语三节课例：詹洁老师的一年级语文"一次比一次有进步"、何玉华老师的四年级英语"Revision Clothes"、邓晓老师的三年级数学"倍的复习课"。课例展示中，詹洁老师对一年级学生的课堂调控，何玉华老师扎实的语言功底，邓晓老师深厚的学科涵养，得到了李教授和管主任的高度评价。

同时，学校还邀请广州市教育信息中心王旭副馆长、管思梅主任等专家就文德路小学信息化发展的方向召开专门研讨会。在专家指导下，文德路小学加入了李克东教授主持的可视化学习行动研究项目（Visual Learning Activity Project，简称 V－LAP）。该项目旨在研究如何利用可视化技术（包括可视化知识内容、可视化思维工具以及可视化的数据分析）促进学生个性化学习能力发展的教学模式、学习评价内容和方法，让学生在现实生活中学会思考，学会提问题。

陆蓓校长总结道，这次可视化学习课例研讨会对学校教育信息化发展具有里程碑式意义，它揭开了学校信息化发展的新序幕，是学校数字化学习研究的新起点。有了良好的开端，文德路小学数字化学习研究扬帆起航了，并朝着正确的方向砥砺前行。

三、教泽绵长的财富

说着说着，年轻人和德先生不知不觉回到了大榕树下。站在"文润德泽"理念石前，年轻人不禁问道："先生，文德路小学从过去到现在办学已有80多年了，现在正收集着校友的资料呢。您如果有校友、同学的信息，希望能为我们提供一些。"

德先生凝望着老榕树，回忆道：

李资平，文德路小学前身私塾毕业，北京大学医学部原党委书记。他参加了省港大罢工，参加过北伐战争并加入十九路军，走上了革命的道路。他后来加入工农红军，经过长征的洗礼，为新中国立下了不朽的功勋。

教师合照

区敏果：1952年毕业于文德路小学。他是我国第一批航海模型运动健将，曾获全国冠军及打破3次全国纪录，所培养的运动员3人四次获全国冠军，3人七次破3项全国纪录，2人三次破两项世界纪录，2人三次获两项世界冠军；他成功设计和主持研制成功FX4－3型游戏设备"空中飞人"，获国家实用新型专利证书。

梁直芙：1955年毕业于文德路小学，广东省中医药学会呼吸病专业委员会副主任委员，广州市中医药大学第一附属医院呼吸科主任。

李翀：1956年毕业于文德路小学，曾任中山大学副校长、党委副书记、教授、博士生导师。现任北京大学师范经济学院院长、教授、博士生导师。曾获我国"做出杰出贡献的中国博士学位获得者""全国优秀教师""广东省优秀社会科学家"等称号。

丘曦明：1956年毕业于文德路小学。考入北京中央音乐学院，后于广东省歌舞团担任钢琴演奏，多年来致力于钢琴教育研究，所教学生在参加加拿大多伦多城市举办的KIWANIS音乐节比赛中，成绩优异，获十项第一名及六项第二名。

欧钜明：文德路小学 70 届毕业生，广东省东莞市公安局原局长。

梁醒虾：文德路小学 70 届毕业生，广东省广州市公安局原副局长。

黎熙元：文德路小学 70 届毕业生，1989 年获硕士学位后留在中山大学任教，现任中山大学港澳珠江三角洲研究中心副教授。

冼劲松：1978—1983 年在文德路小学就读。他师从李淇、吴元等钢琴名家，于 1982 年第一届"珠江奖"钢琴比赛获少年组第三名，1992年作为大赛中能够进入青年组决赛的唯一中国籍选手，在德国第三届国际青少年钢琴比赛获第九名。

谢振宇：文德路小学 20 世纪 80 年代毕业生，小学六年级第一次接触计算机，很早就开始学习程序编写，是中国第一批接触电脑的人。2003 年创办酷狗公司，旗下的酷狗音乐软件是国内知名的音乐播放器，现为中国音乐集团联席 CEO。

……

年轻人边听边记录着。这些资料真的很宝贵呀！学校经历战争的洗礼，从私塾到现在，很多消息无法互通。有了这个开始，希望学校以后能收集到更多关于校友的信息。

年轻人眨了眨眼，问德先生："您可记得，文德路小学还是文德北路第一小学时，学校操场正对的地方，原来有个小农场和小工厂?"德先生笑着说："记得，作为当时特有历史环境下的特有产物，对于现在的在校学生来说可能无法理解。正因为那个年代的很多这些小小的不同，给社会造就了一代与后来的'80'后和'90'后，截然不同的'60'后。"年轻人赶紧拿出 1977 届校友孔繁乐回忆的故事，给德先生看。

当时的小农场，主要是老师用来教和带我们种一些农作物用的小天地，作物包括玉米、蔬菜等。从播种开始，我们在这里施肥、浇水和除草，一直到收获季节。最后实行果实均分。虽然每人只能分到那么一点点，但当大家知道这是我们自己的劳动成果时，那种欢悦感真的是无法形容。也是从那时候开始，我慢慢懂得了果实的来之不易，学会了珍惜，学会了节约，同时还知道了有劳才有获的哲理。记得当年，我还从家里偷偷地拿了几个花生米埋到田里，每天下课都跑去田里看看，一直看着它发芽长大直到收获。那种经由耕耘而有所收获的满足和喜悦感，直到今天与同学们回忆起来，还是甜滋滋的。

在小工厂里，我记得好像是每星期有一个下午的学工课时，说白了就是参加制钉劳动，将一条条的

小组合照（其一）

铁线锤直，用手啤机成型切断，手工拿钳子剪去钉头两翼，啤压钉头等。同学们一个个几乎手上都磨出了水泡，而且每当用手扳动压杆的时候，一不小心还会因为压杆回弹，小孩子不够力而容易被打到，甚至受伤。尽管如此，却没有同学逃避，而是更乐意地去承受和磨炼。没想到的是，这样的学工活动，不知不觉地在我们幼少的心灵中留下了刻苦耐劳、热爱劳动、乐于从低做起的烙印。

当时，中国血汗式工厂的生产方式，从校办工厂的学工开始，逐渐影响到我日后立志为中国实现机械化、现代化的决心。也许是一种机缘巧合，后来我大学学的就是机械制造，并在 1998 年带领设计了四十多米长，装配几十个零件只用四个人操作的家电组部件装配自动线。该项目最后获得了当时机械工业联合会（原机械部）的科技进步三等奖。在 2000 年，在西方国家封锁技术的环境下，我带领团队开发了填补当时国内空白的微波炉用磁控管产品，为民营企业格兰仕成为全球最大的微波炉生产研发企业起了关键作用。

德先生边看边说："你看，人就是这样，美好的记忆是烙印在心里的。像孔繁乐一样，文德路小学的教育，我们这些学生是永远也忘不了的。就像故事里的一副对联说的——文郁郁哉，桃李春风皆及第；德巍

194

巍也，江河湖海总思源。"

年轻人翻开另一个校友故事说："您看，现在已是中山大学博士生导师的黎熙元校友，就说他今天的成就归功于小学时养成的阅读习惯和奠定的知识基础。"

我的文德时代是"文化大革命"十年的后五年，政治运动依然频繁、高涨，保守的父母不赞成我们兄弟姊妹在课余、业余参加政治活动或群体活动，只许关门读书。每每家里谈到《决裂》之类的"白卷英雄"故事，父母总是说："不要相信这种故事，没有知识怎么能谋生呢！"在家庭约束下，我幼年时已经开始阅读，也由于沉迷于阅读而疏忽了很多其他能力的训练，例如，

小组合照（其二）

劳动的能力，体育活动的能力，集体生活的能力。因此，进入文德路小学最初几年，我因为自己不合群、不合潮流而战战兢兢。但是，我后来发现，自己因为考试成绩好、会写各种小文章而得到了全体老师的爱护。

文德路小学名副其实地以"文"为"德"。即使在否定专业知识权威的政治运动中，学校和老师依然通过各种方法提供宽松、多样化的学习环境，引导学生努力学习。尽管老师们不得不应对政治的要求，向学生复述或者解释"又红又专""只专不红"的口号，但是实际上，老师们都真心实意地崇尚知识，热心传播知识。老师在班级中树立学生榜样时，总是首先选拔学习成绩好的同学，对于那些"只专不红"过于突出、实在不适合做榜样的同学，通常都会流露出格外的爱护，这种不言而喻的教育方式让其他学生也感受到了学习的重要性。

文德路小学名副其实地以"文"为"德"，进入这所学校的人无一不受

感染。那时，除了政治宣传册和语录本，课外读物一书难求。我们的小学却机缘巧合坐落在广东省最大的图书馆——中山图书馆——旁边，一墙之隔的便利，使许多图书馆的工作人员把自己的子女送到我们小学读书。于是，那些不对外借阅的图书馆藏书就通过这些图书馆员借出，再由他们的孩子们传递到我们学校的老师和其他同学手中。1974和1975年，对更多在"文化大革命"头几年被列为禁书的图书的管制放松，我们能够借阅到《牛虻》《香飘四季》这类的小说。同学告诉我，每本书只能借阅一个月，好书还有很多人等候借阅，我有时就禁不住上课时也偷偷阅读。有一次被正在讲课的工宣队老师逮住了，他收缴了我的书，下课后叫我去工宣队部谈话。当我忐忑不安地站在他面前时，他却背对着办公室的其他人把书还给我，小声说："这种书以后不要在学校看了。"

师生合照

德先生边看边点头，仿佛看的也是自己的故事。看完，德先生长长地舒了一口气。往事历历在目，如今人已暮年，见母校依然葱郁，他不禁感慨："百年树人，吾校不朽！"

《圣域》
——"文润德泽"的隽永传奇

文德，是一首歌，
因为它有南粤古韵的筝弦叮咚，
也有时代脉动的珠水喧腾。
文德，是一首诗，
因为它从斑驳的明砖汉瓦上，
勾勒出毓秀钟灵的书院典雅。
文德，不仅是一种记忆，
因为记忆书写不完一个隽永的传奇。
文德，也不再是一种留声，
因为每一种声音都有穿越时空的可能……
于是，我们很难去归纳这样的一次萃集，
毕竟，浩繁的星空，
总有望不到的边际。
于是，我们无法用一种诠释去概括一种历史，
只因历史，
不曾因岁月停止。

这是一次全新的文化之旅，

只有脚步，

记录着跋涉的艰辛。

这是一次全心地激情交遇，

所有的碰撞，

都为了一个共同的期许。

有太多的故事，

收纳着点滴的感动。

有太多的温馨，

凝练着散落的光阴。

有太多的智慧，

点缀在生命的岁月。

这是我们的圣域，

神圣，永恒……

记得，我们文德的师生和校友曾经相约，在文德满 80 岁的时候，共同出一本书纪念这 80 载的风华初露。现在，我们拿出了这本《圣域》。当这十万字终于变成铅印的文本，我才蓦然发觉，这是多么值得做的一件事，这又是多么值得付出的一份努力。因为我们，因为我们的努力和坚持，这 80 年的春华，在这个 2016 的十月——"秋拾"！

感谢给予《圣域》关心和支持的所有人，正因为有了你们，才成就了我们，才成就了属于每一个与文德心心相印的你我共同的生命印记。岁月绵延，也许，在文德百年的时候，我们仍将传继这经久的故事，共同见证"文润德泽"的隽永传奇。

宋丽峰

2016 年 10 月 4 日